マレーシアとシャリア

憲法とイスラム法の現代的課題

ザイヌル・リジャル・アブ・バカール
ヌルヒダヤ・ムハンマド・ハシム　著

岡野俊介　訳

This book <マレーシアとシャリア 憲法とイスラム法の現代的課題> is a correct translation of the book **Keistimewaan Islam dan Undang-Undang Shariah di Malaysia** originally published by Institut Terjemahan & Buku Malaysia Berhad.

Jointly Published by:

INSTITUT TERJEMAHAN & BUKU MALAYSIA BERHAD

Wisma ITBM, No. 2, Jalan 2/27E
Seksyen 10, Wangsa Maju
53300 Kuala Lumpur
Malaysia

Tel.: +603-4145 1800   Fax: +603-4142 0753
E-mail: publishing@itbm.com.my   Website: www.itbm.com.my

AND

JAPAN - MALAYSIA ASSOCIATION

1-1-1, Hirakawacho,
Chiyoda-ku, Tokyo,
Japan 102-0093
Tel.: +813-3263-0048   Fax: +813-3263-0049
Website: www.jma-wawasan.com

First Printing 2019
Translation and Publication © Institut Terjemahan & Buku Malaysia and Japan - Malaysia Association

All rights reserved. No part of this publication may be reproduced, stored in a retrieval system or transmitted, in any form or by any means, electronic, mechanical, photocopying, recording or otherwise, except brief extracts for the purpose of review, without the prior permission in writing of the publisher and copyright administrator from Institut Terjemahan & Buku Malaysia Berhad, Wisma ITBM, No. 2, Jalan 2/27E, Seksyen 10, Wangsa Maju, 53300 Kuala Lumpur. It is advisable also to consult the publisher if in any doubt as to the legality of any copying which is to be undertaken.

Printed in Malaysia by: Institut Terjemahan & Buku Malaysia Berhad

目次

序にかえて	v
謝 辞	vii

第1部　マレーシア連邦憲法における シャリア　　1

1. シャリアの語源 … 2
2. マレーシアはイスラム国家なのか … 5
3. 憲法におけるイスラム … 9
4. 連邦憲法の基本的特徴 … 12
5. 連邦憲法における人権 … 16
6. イスラム保護と政府の責務 … 19
7. 連邦憲法におけるイスラム法の刑罰 … 22
8. Act 355：誤解と混乱 … 25
9. 国王の役割 … 27
10. イスラムからの改宗と憲法11条 … 29

第2部　法制度と法廷　　33

11. 法改革 … 34
12. シャリア法廷と民事法廷 … 37
13. シャリア検事と宗教の執行 … 40
14. 倫理観と法 … 43
15. 憲法におけるイスラム開発局（JAKIM）の位置づけ … 46
16. 法律専門家 … 49
17. 調停による紛争解決 … 52
18. 家族問題の報道制限 … 55
19. オーストラリアにおける家庭問題報道 … 58
20. 安全に対する配慮 … 61

第3部　シャリアと社会　　65

21. イスラム国家における非ムスリムの権利 … 66
22. 「アッラー」の使用をめぐる論争 … 69
23. マレーシアへの愛 … 72
24. 現代における布教 … 77

25.	宗教過激派への対応	80
26.	政権によるワサティア（中正）運動	83
27.	異なる意見の受容	86
28.	ドライバーの意識を変える	89
29.	困窮者への援助	92
30.	イスラム改宗宣言の是非	94
31.	両親への責任	97

著者略歴	101
用語集	102
あとがき	103

序にかえて

慈悲深き、慈愛あまねくアッラーの御名において。
万有の主、アッラーにこそすべての称賛あれ。
預言者ムハンマドと彼のご家族、教友達に祝福と平安あれ。

　マレーシアは長い植民地時代を経て、独立してからすでに60年が過ぎたが、イギリスの植民地という経験を経たことで法体制は大きな影響を受けた。イギリスにより法体系が変更されるまで、マレー諸州ではシャリア法体制が取られていた。独立後もシャリアの運用は小さな分野に限られており、州政府の管轄とされてきた。

　現在イスラム法の地位が向上して、尊重される対象となってきたことは、喜ばしいことである。シャリア法廷では裁判官の専門知識が蓄積されてきただけでなく、裁判所の建物は美しくなり、設備が洗練され、法廷の審理プロセスも整備がされるなど、さまざまな点で改善が見られる。母親や子どもの離婚後の養育費請求を支援する家族支援部が設立されることによって、さらにこの傾向が強化されていくことだろう。

　このような変化は多くの学者たちの功績によるものである。ここに不朽の貢献をしたのは、故アフマド・イブラヒム教授、故マフムッド・サイドン博士など、イスラム法を守るため戦ってきた人々である。我々はシャリアの地位向上への取り組みを今も続けている。

　また、マレーシアでは法律の理解が進み、実施されているシャリア法廷と法体系について学び始める人が出てきており、いまだに議論の的になっているイスラムと憲法の地位についての知識が求められるようになってきた。同時に新聞やネットメディアも、イスラム法に関する議論の場を提供し、一般市民と共有している。

　この変化により、法律知識のない人々を始めとして、マレーシアにおいても法律についての知識を得ようという関心が高まってきた。リラッ

クスした雰囲気で大衆にもわかる言葉によって議論されることで、それは人々の心に響き、イスラム法を身近な問題として捉えることにつながってきたのである。

　私はシャリアについて一般向けに書かれた本の出版を強く支援し、本書を出版することにした2人の著者にお祝いの言葉を送りたい。私は本書がマレーシアにおけるシャリアとその発展を理解することにつながり、マレーシアのシャリアとシャリア法廷の地位向上に尽力するする人々が参考にできるような本になることを望む。

ダト・モハマド・ナイム・ハジ・モクタール
セランゴール州シャリア法制局長官

謝　辞

　慈悲深き、慈愛あまねくアッラーの御名において。
　万有の主、アッラーにこそすべての称賛あれ。
　預言者ムハンマドと彼のご家族、教友達に祝福と平安あれ。

　その恵みとお許しにより、本書を完成させ出版に至らしめた、
　アッラーにこそすべての称賛あれ。

　本書はマレーシアの法制度、特にシャリアについての理解を深めるため、一般の読者が参考とできるような読み物を提供する目的で出版された。本書の一部はブリタ・ハリアンやウトゥサン・マレーシアなどの日刊新聞においてすでに発表されたものであるが、本書の目的に沿うように再構成されている。

　ブリタ・ハリアン・グループおよびウトゥサン・マレーシアの編集長に対して感謝の意を示したい。また、本書の出版について直接間接の援助をしてくださった多くの機関や個人に対してもお礼を申し上げたい。また、取り組みを助けてくれた家族にも感謝する。この世界において我々が施した善行として、アッラーがこれを受け止めてくださることを願う。そして最も重要な、マレーシアにおけるシャリアの地位についての理解を深める取り組みに参加してくださった読者にも、感謝したい。本書はあなた方のために書かれた本である。

ザイヌル・リジャル・アブ・バカール
ヌルヒダヤ・ムハンマド・ハシム

第 1 部

マレーシア連邦憲法における
シャリア

1 シャリアの語源

　「シャリア」の語源は、アッラーがその信奉者に対して課したルールや規則という意味である。専門的に解説すると、「シャリア」とはイスラム法の原典に著されたイスラムの教えに従って、一般的な問題や信仰に関する問題など、人生すべてに応用される規則となる。マフムッド・シャルトゥットの定義によると、ムスリムがどのように神、他のムスリムや非ムスリム、更には世界や人生と関係を築いていくかをアッラーが指し示したルールである。

　アッラーはクルアーンにおいて以下のようにお告げになった。

　　　われは、あなたがた各自のために、聖い戒律と公明な道とを定めた。もしアッラーの御心なら、あなたがたを挙げて１つのウンマ（共同体）になされたであろう。しかし（これをされなかったのは）あなたがたに与えられたものによって、あなた方を試みられたためである。

　　　　　　　　　　　　　　　　　　　　　　　（食卓章　5:48）

預言者は以下のように言ったと伝えられている。

　　　私の共同体は、知識が取り上げられようが、婚外子が増えようが、アル・シャカルンが増えようが、常にシャリアに従うべきである。友人が「預言者よ。アル・シャカルンとは何ですか？」と尋ねると、預言者は答えた。「この世の終わりにおいて、お互いを罵るひとびとのことである」

　これまでも多くのムスリム学者が、多くの時間を費やし、シャリアの意味や特異性について議論をしてきた。例えばシェイク・ユソフ・アル・カラダウィ博士によると、アッラーが啓示したシャリアには６つの特徴があると言う。

ⅰ. 神聖性：シャリアは神聖であり、最も公正で完成された法律であると信じることが求められているムスリムが、これを拒否する理由は無い
ⅱ. 人間性：シャリアは人間の地位を向上させ、品位を保たせるものである。人種、皮膚の色、地位に関係なく、人間の能力で判断されるよう作られた
ⅲ. 包括性：シャリアは人間の生活のあらゆる側面を規定しており、特定の問題だけを論じているわけではない
ⅳ. 道徳性：預言者が遣わされたのは、人間に気高い美徳と道徳観を求めるためであり、これこそがシャリアの拠り所である
ⅴ. 現実性：シャリアは時代遅れのものではなく、真実かつ現実に即しており、成功をもたらす実践的な考えである
ⅵ. 規則性：規則性は補足的な要素に過ぎないが、これによって矛盾がなく最良のシステムをシャリアにおいて構築している

このように、シャリアは限定的な分野での実践を目的としたものではなく、ムスリムにとっての生き方を指し示している。これを実践する際には、シャリアに対する謂れなき批判が起きないよう、一貫性を持って適用していかなければいけない。

マレーシアの歴史を辿ってみると、植民地化によってシャリアの法体系や慣習法は軽んじられるようになり、ムスリム社会に対して大きな影響を与えたことがわかる。シャリアの管轄は個人法や取るに足らない分野に限られるようになり、それ以外での影響は皆無になっていった。

植民地から解放されても、マレーシアのムスリムが植民地化の足枷から完全に解き放たれたというわけではなかった。長期間植民地とされたことによって、そこで蒔かれた種は深くムスリムの心に根を張ることになってしまったからである。法的にはマレーシアは独立を果たしたにも関わらず、宗主国イギリスへの配慮や忠誠心は社会に深く根ざしていたのである。

結果として、シャリアを国の法体系の中心に据えるということについて、マレーシアの中にも反対するムスリムがいる。シャリアに基づいた法体系の実現に反対する人の多くはムスリムである、ということもわかってきた。

シャリアを中心とした法体系を築く取り組みが何十年も続いているのにもかかわらず、いまだにその成果が実っていないのである。

実際のところ、イスラムの根幹は守らなければいけないので、他の法律と整合性をとるためにシャリアを変更するのではなく、法律をイスラム化するべきである。ムスリムにはムスリムという生き方しか選べない。なぜなら人間の精神がどれだけ優れているとしても全能な神の影響や支配から離れることはできないからである。

　社会から道徳観、人格、倫理観が失われているのは、宗教が日常から切り離されてしまったからである。もし西洋式の生き方が他よりも優れているのならば、なぜ西洋自身が社会の正しい方向性を見失っているように見えるのだろうか。

　とは言え、西洋のものがすべて悪いというわけではない。すべての社会に良いものと悪いものがあるというのは否定し難い事実である。我々に必要なのは、ガラスの中から宝石を見つけるように良いものを見分け、ムスリムとしてのアイデンティティが壊されないようにすることである。このために必要なのは、シャリア法を法体系に適応させることではなく、シャリア中心の法体系構築に取り組むことである。シャリアは現行の法体系に取って代わるものではなく、むしろ生活の核となるべきものである。

2 マレーシアはイスラム国家なのか

　これまで憲法がイスラムをどのように位置づけているのかについて、多くの人が議論を積み重ねてきた。マレーシアはイスラム国家であると主張する人もいるが、非宗教国家だと考えている人もいる。
　この論争に結論を出すためには、マレーシアにおける歴史的経緯や実際に起きている現実に鑑みて、学問的かつ専門的に考えなければいけない。
　歴史的に言えば、イスラムを連邦の宗教として定める条項が憲法に加えられているが、これによって憲法による政教分離の原則は変わらないとリード委員会が報告している。しかし憲法の草案作成には多くの非マレーシア人が加わっており、これらの人々の考えに縛られることが妥当なのかについては疑問が残る。マレーシア初代首相トゥンク・アブドゥル・ラーマンも同じ考えを持っていた。チェ・オマール・チェ・ソーの係争では、トゥン・サレー・アバス氏は連邦憲法第3条においてイスラムが国教として規定されている役割は形式的または儀式的な範囲に限定されている、という解釈を示している。
　しかし詳しく見てみると、連邦憲法は多くの条項で宗教としてのイスラムに言及している。例えば第3条では明確にイスラムを連邦の宗教として規定している。フランス、トルコ、インドその他の非宗教国家では憲法において非宗教国家を宣言し、特定の宗教に言及しておらず、連邦憲法第3条で宗教について述べるマレーシアとは対照的である。本当に連邦憲法が非宗教的であるならば、第3条が生まれることすらなかったはずであるが、実際にはこれ以外の条項でもイスラムという宗教に特権と地位を与えているのである。非宗教国家ではありえないことだろう。
　非宗教国家では、宗教振興の目的で公的資金を使うことは政教分離の原則に反するため認められていない。しかしマレーシアでは連邦政府や州政府がイスラムの発展と進歩という目的でモスクを建設し、イスラム関連省庁やその他に数億リンギットの資金を拠出している。このような政府の対応は、公的資金をイスラム発展のために使うことを認めた憲法条項に従ったものであり、イスラムが憲法の枠組み内で特別な地位を確

立していることを証明するものでもある。

　憲法第11条4項は、ムスリムに対しイスラム以外の宗教を布教することを制限および防止するための法律を制定する権限を、州議会および連邦直轄領議会に与えている。特定の宗教に対しこのような特別な権限が非宗教国家で与えられることはあり得ない。これだけを取ってみても、憲法が非宗教的であるという主張は否定できるだろう。

　また、裁判所は1998年の憲法改正により、シャリア法廷の下した判断に解釈を加え、判決を覆す権限がなくなった。この変更に対して不満を感じている国民もいるが、イスラムとシャリア法廷の地位が上がることになった。これもイスラムの特別な地位を示す証拠だろう。

　実際にはイスラムは特別なものとして認識されていることが多く、例えばマレーシア国王および国王代理の就任宣誓式においては「ワッラーヒ　ワビッラーヒ　ワタッラーヒ（アッラーの御名にかけて）」ということばが唱えられており、シャリアの教えに基づいたイスラム式の宣誓であることがわかる。アッラーの御名を唱えることにより、国王および国王代理はマレーシア国内における宗教としてのイスラムを守る決意を口にしているのである。

　マレーシアが非宗教国家であるという主張に対する反論としては、以上のような例が挙げられる。独立以降の数回の憲法改正を経て、非宗教的な要素は段階的に薄まってきていると言える。マレーシアとその憲法は政教分離主義の本来の意味において非宗教的だとは決して言えない。非宗教国家では法や行政組織から宗教を切り離しており、経済発展のために宗教の優先順位が低くなっており、特定の宗教が宗教活動を行うことに特権的扱いをすることもない。しかしマレーシアにはこれは当てはまらないのである。

　二つ目の疑問は、マレーシアは真の意味でイスラム国家なのか、というものである。マレーシアの憲法が政教分離主義ではないからといって、イスラム国家と規定して良いのだろうか。この点についても学問的観点から議論する必要があるだろう。

　憲法は国の法律や規則として規定されており、法廷によってこれが執行される。憲法は政府や市民がどのように対処し活動していくのかのガイドラインとして国の基盤、法体系、人権など重要な点について条文によって規定している。法律によって認められた組織はそれぞれの目的に合わせて作られた法や規約（憲法）がある。つまり一つの組織にとって規約（憲法）とは、その指導者や構成員がどのようにして組織を運営し

ていくのかを規定しており、指導者を含めた構成員が自分の利益のために組織を利用することが無いようにお互いの信頼を高めていくためのものである。マレーシア連邦憲法についても同じことが言える。

　連邦の宗教はイスラムであると憲法に明記されている場合、国の存在がムスリムそのものであるとみなしていると言える。ムスリムであれば、どれだけその教えを理解して実践するかによってイスラム教徒として発揮できる力が変わってくることになる。

　イスラム国家を語る場合、ムスリム法律家による定義の議論を避けることはできない。例えばシェイク・ムハンマド・アブ・ザフラによると、イスラム国家は二つの観点から見ることができると言う。一つ目の観点では、イスラム法を国全体で実践していればイスラム国家であり、していなければイスラム国家ではないというものである。もう一つはムスリムの安全と行政による考え方で、ムスリムが国を統治して人々が平和に暮らしていれば、それはイスラム国家であるというものである。

　イブヌ・カイムによると、多くのムスリム法学者はムスリムが支配してシャリア法を実践していればイスラム国家とみなすと言う。アル・カサニは国の中にイスラムがはっきりと見えれば、つまりイスラム法が実施されていればイスラム国家であると言う。

　アル・サラクシの意見では、ムスリムが支配してすべての住民が平和で調和して生きている場所や領域がイスラム国家である。これらの議論に基づいて考えると、イスラム国家と他の形態の国家を分けるのは、誰が支配しているのかと法の支配がどうなっているのかである。

　定義によって一般的な考え方もあれば、厳密な考え方もあるのは明らかだろう。しかし大半の人は国がイスラム的であるためには、シャリア法を完全な形で適用することが必要だと感じている。より一般的な考え方だと、誰が政府を率いているのか、そして法律が存在するのかということだろう。イスラム法が施行されていない場合は、イスラムの考えが多少なりとも実践されているのかで判断する。イスラム法が施行されており、人々が平和で調和を保って生活している場合は、イスラム国家という定義の一部を満たしていることになる。

　ではマレーシアはどこに位置するのだろうか。実際に施行されている憲法や法律を見てみると、マレーシアでイスラム法が完全に実践されているわけではないというのは明らかだ。イスラムで禁止されているものを認めている法律もある。この点から見れば、マレーシアは多くの法学者が考える意味での完全なイスラム国家とはいえないだろう。イスラム

はマレーシアでは生き方として実践されるには至っていないということである。

しかし、それは政府を含め多くの政党が最大多数のムスリムのために現在取り組んでいるところである。例えば司法省はシャリア部門を設置し、議会の承認が必要な法案について、シャリアに抵触する部分がないか監査している。この部署は司法省シャリア・コミュニティーと言われる委員会を通じて、学者、イスラム系NGO、研究者などの協力を得ている。議会を通過する法案にイスラムという文言が入ることはないが、その精神や本質はシャリアに準じたものになる。

マレーシアの法体系は議会制民主主義を基盤としており、行政、立法、司法という三つの機能を分立させている。理想通り機能すれば、三つの部門はそれぞれの足りない部分を補っていくことができる。このような法体系は必ずしもシャリアの考えに反しているものではないが、同時に、イスラム法を含むすべての法律は国内で施行される前に成文化して立法府を通過させるようにしなければいけない。

マレーシアはムスリム国家であるが、非ムスリムによる他宗教の実践も抑圧することはなく、非ムスリムに対してはムスリム以上の扱いをしているケースも多い。非ムスリムも、連邦憲法でイスラムに与えられている特権的立場を受け入れなければいけないだろう。

マレーシアは議会制民主主義に基づいた国であり、選挙で選ばれた政府は連邦憲法における条文に従って宗教としてのイスラムに特別な対応をする必要がある。憲法が非宗教的かイスラム的かという議論はマレーシアにおけるイスラムの地位について影響を与える可能性があり、あまり加熱させるべきではないだろう。国の法律を起草する際に少しずつイスラムに近づけていくべきだ。

3 憲法におけるイスラム

　イスラムがマレー諸島に根付いて長い歴史を持つという点には、学者も異論は無いだろう。この主張は根拠が無いわけではなく、イスラム暦3世紀（西暦の9世紀：訳者注）にはマレー諸島に到達していたという考古学的な資料も存在する。また、マレー半島は仏教やヒンズー教の影響を受けるよりもはるか先にイスラムがやってきたことを示す証拠もある。中国広東省から来たイスラムの伝道師は、まずマレー半島におけるイスラム布教のためにケダ州にやってきたと伝えられている。

　マラッカのスルタンがイスラムを受け入れたことにより、マレー半島でさらにイスラムが拡大したことは明らかだろう。スルタンによるイスラム受け入れは大きな影響を与え、のちに他の宗教は廃止され、すべての住民がイスラムの教えに従うことになった。

　植民地主義がマレーシアに侵食してくるまでは、イスラム法はマラッカ法典、ペラ99法典などの法律を通じて完全に実践されていた。言い方を変えると、イスラム法は所在地法、つまりマレーの土地における第一の法律であったのである。これは事実として認識されていたため、イギリスが憲法制定のために組織したリード委員会は、連邦憲法の草案にイスラムの特別な地位に関する条文を加える必要があったのである。

　連邦憲法において特記されている宗教はイスラムのみであり、他の宗教もマレーシア国内で平和的に調和を持って信仰することが認められるとの条項は存在しているが、それ以外は特に他宗教の記載が無い。他の宗教の信仰は連邦憲法11(4)において保証されている。

　イスラムは憲法で明記されその特別な地位が認識されているため、連邦憲法を非宗教的であるとみなすことはできないだろう。非宗教的というのはフランスで行われているように、法律など日常的な面から宗教を切り離していることを意味するものである。

　マレーシア連邦の宗教としてイスラムを好意的に扱う条文があり、このことからもイスラムが特別な地位にあるということがわかるだろう。例を以下にいくつか挙げる。

ⅰ．連邦憲法 11(4) 条：非ムスリムがその宗教をムスリムに対し宣教することを禁じる法律を、州政府が布告することを認める
ⅱ．連邦憲法 12(2) 条：イスラム振興の目的で、連邦政府がモスク、宗教学校などのイスラム機関を管理・支援する権限を認める
ⅲ．連邦憲法 74(2) 条：州政府に対し、イスラムの宗教関連事項を管轄する法律の施行を認める
ⅳ．連邦憲法 121 (1A) 条：シャリア法廷はイスラムに関する訴えを聞き、審理することができ、裁判所はシャリア法廷の判決を否定したり、無視したりできない

　このように見ると連邦憲法では宗教と法律が明確に分離されていないので、真の意味で非宗教的とは言えないだろう。前警察庁長官トゥン・ハニフ・オマールによると連邦憲法は非宗教的ではないが、「半宗教的」であると言う。憲法でイスラムが認識されてはいるものの、シャリアで規定されているような形で完全に実践されているわけではないからである。
　数年前、マレーシアにおけるイスラムの地位を貶めようとする人々がさまざまな形で強引な攻撃を繰り返していた。彼らは個人による宗教選択の自由という名目の人権団体であったが、マレーシアにおけるイスラムの特別な地位に疑問を呈するという彼らの活動により、ムスリムの間で不安が広がることになった。
　完全な自由などこの世に存在しないというのは、すべての人が受け入れなければいけない事実だろう。社会の調和と国内の平穏を保つためには、法律は自由に対して制限を加えなければいけない。例えば運転免許証を取得し、車を買い、税金を払ったからと言って、場所やスピードの制限を受けずマナーを守らず、車を運転できる完全な自由が手に入るわけではない。運転者の自由というのは道路交通法や規則による条件を満たさなければならない。社会調和の維持という名目により、法律の枠組みが自由に対して制限を加えているのは明らかである。
　同様に宗教においても、自由には制限がある。連邦憲法 3(1) 条はイスラムを連邦の宗教と規定する一方で、他の宗教も平和的に調和をもって実践できると規定している。他の宗教の信者にも信仰の自由が憲法で保証されている一方で、その自由も絶対的なものではないのである。
　憲法 11(4) 条はすべての州政府および連邦領土に対し、他宗教の信者がムスリムに対し布教することを制限している。憲法の第 4 条に規定さ

れている連邦憲法の地位を受け入れているすべてのマレーシア国民は、このことを認識しなければいけないだろう。また、憲法 11(4) 条自体が憲法の一部であるため、憲法違反であるという指摘も当たらない。

　憲法 11(4) 条の目的とは憲法内で言及されている唯一の宗教であることからもわかるように、イスラムが連邦の宗教として特別な地位にあると認めることである。憲法 160 条では、マレー人とはマレー人の先祖を持ち、イスラムを宗教と告白し、マレーの文化を実践し、マレー語を話す人間と規定している。このため、マレー人の定義から宗教的要素を除いてしまうと、マレー人の特別な権利や居留地の所有権などについて問題が発生する可能性が出てくるため、マレー人の混乱を防ぐことが 11(4) 条の目的である。

　マレーシアはポルトガル、オランダ、イギリス、日本の植民地となった歴史があったにも関わらず、マレー人のアイデンティティとして根付いたのはイスラムであるため、憲法 160 条の意義は理解できるだろう。マレー人の先祖はこのアイデンティティを守り戦ってきたのであり、500 年以上の植民地としての歴史を経たにも関わらず、宗教を放棄することはなかったのである。

　この国の調和と平和を守るためには、イスラムの歴史や、イスラムがどのようにしてマレーシアに根付いていったのかを学び、憲法におけるイスラムの地位を理解する必要がある。これまで永年あらゆる人種の人々も、そしてあらゆる宗教を信じる人々も受け入れてきたイスラムの地位を疑うような行動は取らないよう、すべての人に促したい。

4 連邦憲法の基本的特徴

　憲法の議論をすると、一般市民だけでなく教育水準の高い人でもしばしば混乱が生じている。法律の知識がある人の間でさえ、連邦憲法の条文についていまだに混乱があるのだ。

　連邦憲法はマレーシアにとって中心的な法律文書であり、文章を読みその精神を理解するべきだろう。

　連邦憲法は独立以前からどのような共同体が存在していたかを実証したものであり、何の根拠もなく作り上げられたものではない。憲法は出生地主義の原則に基づいて、人種の違いに対する寛容を説いた文書でもある。また連邦憲法を起草したリード委員会は、独立後の国でどのような権利を求めるのか、様々な立場の人から意見を集めていた。

　連邦憲法が施行されている現状において、法廷が適時下してきた法解釈に基づいて作られた現行法制では、連邦憲法が全ての法に優先されるという事実をマレーシア人が受け入れる必要がある。

　憲法が作られる前、つまり植民地化前や植民地時代でも、マレーシアにも実際には法律が存在しており、一部のイスラム法の条項がマレー半島において実施されていたのである。

　例えばペラ99法典では、国内の法律とともにクルアーンの法律を施行すれば、国に平和が訪れるだろうと明記されている。国の法律を守れない人間は国を離れるか、ジャングルにでも住むべきである。政権与党はクルアーンを国の指針として堅持しなければならず、それができないのであれば国を治める資格は無い。

　マレーシアの憲法専門家によると、連邦憲法には核となる7つの基本的特徴があり、憲法から切り離すことができない本質を形成しているという。指導者も市民も同じように全ての人々が、これらの特徴を守っていく必要があるだろう。その特徴というのは以下の通りである。

　　ⅰ．連邦の宗教はイスラムである
　　ⅱ．マレーシアは連邦国家である
　　ⅲ．連邦の最上位の法律は憲法である
　　ⅳ．行政、議会、司法の分権

v．立憲君主制
　vi．議会民主制
　vii．議会・行政から司法の独立

　憲法の枠組み自体はずっと以前に決められたものであり、これらの特徴を排除すれば、時代の潮流に逆らってマレーシアに混乱をもたらすと考えられる。これを変更するためには、スルタン、政府、多人種で構成されるマレーの中でも特に先住民であるマレー人など全ての関係者の間で合意を得ることが必須である。
　連邦憲法を詳しく見てみると、イスラムやマレー人の権利に言及する条項が数多く存在することがわかる。イスラムはマレーシア連邦の宗教であること、イスラムへの信仰を公言、実践、宣教する自由、イスラムのために公金を利用する権利、シャリア法廷の保護、戒厳令下でのイスラム法効力停止からの除外、州によるイスラム関連事項の管理管轄など、イスラム関連の条項は少なくない。
　イスラムは公式な宗教であると同時に、連邦の宗教でもある。ここで言う「連邦の宗教」とは、「公式な宗教」とは意味合いが異なる。「メオール・アティクラーマン対ファティマ・シヒ係争」の判例においてモハマド・ノール判事がこの件について説明をしている。
　イスラムは連邦の宗教であるが、他の宗教も平和と調和を持って実践することが認められている。キリスト教、仏教、ヒンズー教、その他マレーシア国内で実践される宗教と比較して、イスラムは第一の宗教という位置づけであり、その地位は他と同格ではない。その地位は他に優先され、第一に扱われ、その意見は的確に対応される。イスラムは高く丈夫で力強いチークの木のようなものだ。そうでなければ、イスラムは連邦の宗教であると言えない。
　「リナ・ジョイ対連邦直轄領イスラム教委員会係争」の判例ではアフマド・ファイルズ判事はイスラムの地位について以下のように言及している。
　イスラムは単なる教義や儀礼の寄せ集めではなく、法律、政治、経済、社会、文化、道徳、司法など、公私含めて人生の全てを包含したものである。
　上記どちらの判決においてもイスラムの立場は明確に記されている。つまり一部の論者が言う非宗教国家という考えは憲法に則ったものではないということである。非宗教という単語自体も連邦憲法の中に規定さ

れていない。しかしマレーシアは非宗教国家であるという主張を支持してきた以前の判例とは異なり、「チェ・オマール・チェ・ソー対検察官係争」の判例は近年の判決であまり重視されてきていない

連邦憲法において、イスラムの教育と生活を振興する権限が政府に明確に与えられており、国内イスラム機関の発展に公的資金を使用することも認められている。しかしムスリムに対するイスラム以外の宗教の布教は現時点で10の州で犯罪になるという法律があり、民事で罰せられる。このような法律が施行されていないのはペナン州、連邦直轄領、サラワク州、サバ州だけである。

イスラムの倫理規範違反もシャリア法を法制化することにより刑事犯罪となりうる。ムスリムがイスラム教の信仰を辞めたと罵る人々の嘲りをさけるためには、イスラム教を正しく位置づけ、ムスリムがシャリア法に従う必要があるだろう。

イスラム法を実践する上で連邦憲法が障害になるという人もいるが、イスラムの利益になるような分野も存在する。

憲法の本質は今も生きており、新しい現実の必要性に対応しなければいけないため、連邦憲法の条文にも新しい解釈が求められる。

法的な見地から言えば連邦憲法は「生きた」文書であり、時代遅れとならないよう弾力的かつ長期的にも耐えられる解釈をする一方で、憲法条文のもともとの意味を失わないようにしなければいけない。例えばイスラムはかつて単なる宗教的儀式であると解釈されていたことがあるが、憲法に従ってもともとの意味である「人生の正しい生き方」として扱わなければいけない。

憲法を読む際は、暗黙の了解となっていることも含めて慎重に理解しなければいけない。これによって、現行の連邦憲法でもイスラムの保護は十分可能になるのである。

連邦憲法を法律として評価することがイスラムを全て拒否するというわけではない。イスラムを守るための努力は、法律を含めてあらゆる手段で行わなければいけないのである。

ムスリムがイスラムの特別な権利のために戦うといっても、非ムスリムに対して非情な扱いをするということを意味するわけではない。イスラムは宗教として公正さを重視しており、信徒に対しては非ムスリムの利益も保護するよう呼びかけている。実際、非ムスリムが他の宗教を平和と調和の下で実践することを保証するのが、ムスリムの責任なのである。

イスラムは自身の意思で信念を持って信じる必要があるので、非ムスリムに対してイスラム信仰を強制することは禁じている。イスラムを「人生の正しい生き方」として実行しようとムスリムが考えているといっても、非ムスリムの権利や利益は変わらずに保護されていくので、警戒の必要はないだろう。

5 連邦憲法における人権

　マレーシア連邦憲法で与えられている人権についての認識が、マレーシア人の間で広がってきている。法律の知識がある人は国が発展するための財産であり、そういう人は人を利用して有利に立ち回ろうという人にあやつられることがないため、こういった変化は歓迎されるものである。

　事実、マレー人の権利とイスラムの地位は連邦憲法の中において明確に定められている。しかしマレー人の特権について疑問を投げかけるような事態が近年起きており、マレー人の間で不安が広がっている。

　連邦憲法に記された一般的な市民の権利や特にマレー人の権利について、憲法専門家のシャド・サレム・ファルキ教授は幾つかの種類に分類している。

　第一の権利はマレーシア人であるかどうかにかかわらず、全ての人々に与えられる権利である。例えば連邦憲法第5条では連邦内の全ての人に対して基本的自由を与えており、第6条では奴隷制や強制労働の廃止を唱えている。第11条は宗教の自由を保証し、第13条は所有権を認めている。

　第二はマレーシア人にのみ与えられる権利である。連邦憲法第10条に書かれた演説と集会の自由、第12条の教育の権利はマレーシア市民にのみ与えられる権利である。

　第三は、非常事態においても守られる権利である。第150(6A)条は非常事態においても影響を受けない6つの権利を述べている。これはイスラム法、マレー慣習法、宗教の自由、市民権、サバとサラワクの先住民法、言語関連法である。

　第四は、第13条の土地買収補償に関する権利や、第5(3)条による逮捕時の罪状確認や弁護士を任命する権利など、通常時には剥奪することができない権利である。言い換えれば、この分類の権利は国内非常事態の場合には無効化、保留、放棄することができ、それ以外の場合において連邦憲法が権利の保護を保証している。

　第五は一定条件下で制限を受ける権利であり、例えば演説や集会の自由などは、治安や国家の安全を脅かし、犯罪などの助長をする怖れがあ

る時に制限を受ける。つまり、これらの権利は連邦憲法に明確に記されているが、無制限に保証されるわけではなく、憲法内に定義されている条件において制限を受けるものである。

興味深いのはマレーシアが非常事態にあっても影響を受けることが無いイスラムの地位、マレー人の慣習、宗教の自由、市民権、サバとサラワクの原住民法、言語に関する権利である。

明示的に書かれているわけではないが、連邦憲法は上記の法律が他の法律に優先されると認識していることは間違いない。これらの法律の優位性は、憲法にかかれている以外の手段によって阻害されることがあってはならない。

これに含まれるのが、イスラム法の管理に関する法律、シャリア刑法、イスラム家族法、シャリア法廷における証拠と手続きに関する法律などであり、これを否定し過小評価してはならない。

イスラム法が他の法律に優先されるという表現は誇張ではない。このため、イスラム法と他の法律の間で対立や矛盾が生じたときには、イスラム法による解釈を選ぶのが正しいのである。

近年、マレーシアではイスラム法の適法性がしばしば疑われ、二の次にされ、嘲笑や無視の対象となってきた。これはイスラムを重視してきたマレーシア法制の歴史や憲法の枠組自体を無視しているものであり、正しくない。

マレーシアにおけるイスラム法の正当性を疑い異議を唱えるような異常な状況を、すぐにでも是正して包括的な解釈を確立しなければいけない。

マレーシアの正統な歴史や国民の大半を形成するムスリムの地位や要求を理解すること無く、イスラム法を過小評価するべきではないだろう。より重要なのは、感情的にならずに真実を追求するためイスラム法を研究していくことである。

イスラムは連邦憲法第3条において連邦の宗教であり、非常事態においてもイスラム法が影響を受けないと規定されている。このため、イスラム法は他の宗教が見捨てられないための保護者の役割も果たさなければならない。

仮にマレーシアで非常事態宣言が発令されると、すべての法律は一時的に効力を停止されるが、イスラム家族法などのイスラム法は維持される。つまりシャリア法廷は管轄区域内において通常と同じ業務を継続できるということである。これは連邦憲法がイスラム法に与えている特権

である。

　この特権は独立して初めて連邦憲法で規定されたものではない。リード委員会が連邦憲法を起草する前の共同体においてもイスラムは高い地位を与えられていたため、マレーシア市民にとって馴染みがない考えというわけではないのである。

　マレーシアは数百年の間に数多くの植民者に支配をされてきたが、イスラム法の特権は決して変わってこなかった。植民者ですらイスラム法の優位性に触れてこなかったにも関わらず、独立後50年以上たった後に地元住民が作る政府がイスラム法の地位を弱体化させるというのはおかしいのではないだろうか。

　マレーシアを統治する人々はムスリムの生活すべてを網羅するようにイスラム法の地位を押し上げるべきだっただろう。連邦憲法第3条に記されているように連邦の宗教に見合うような地位を確立するべきなのである。

　マレーシア市民ならば連邦憲法に書かれた自らの権利を知り、憲法の構想と枠組みに沿った哲学と精神を理解することが重要である。連邦憲法はそれ自体が目的なのではなく、マレーシア人の間に公正と団結を高めるための手段であり、マレーシアの繁栄を実現するための市民にとっての指針である。

　見方を変えると、我々はしばしば市民としての権利を語るにも関わらず、市民が国に対して負うべき責任について議論することはほとんど無い。人々は自己中心的なものであり、権利は主張しても義務を履行するために犠牲を払いたくないと考えるものなのである。

　すべての人が自己中心的に権利を主張して責任を果たすことを拒否すれば、共同体には満たされない断絶が生じてしまうことになる。人々は自身の権利ばかり気にして、責任を果たすことはなおざりになってしまうからである。

6 イスラム保護と政府の責務

　マレーシア国民の多くは連邦憲法におけるイスラムの位置づけを理解してない、といっても過言ではないだろう。そして国の法制度に対する理解が浅いことによって、その問題はより悪化している。理解が足りていないため、多くの人はマレーシアにおける現実と状況を考慮せずにイスラムやイスラム刑法などを実施するよう声高に求めているのである。
　連邦制を敷くマレーシアには国会と州議会という2つの立法府がそれぞれの機能を持って機能している。連邦制はマレーシアだけで実施されている政治体制ではなくオーストラリア、アメリカ合衆国など数多くの国で行われているが、連邦と各州の関係性において、マレーシアの連邦制は他の国とは異なる特徴を持つ。
　マレーシアにおける連邦と各州の関係性は連邦憲法の第VI部において明確に記述されている。憲法第74条によると、国会は連邦リストおよび並列リストに書かれたことに関して、法律を制定する権限を持つ一方で、州議会は州リストおよび並列リストに書かれたことに関する法律の制定権限を持つ。
　このようにそれぞれの立法府の権限は明確に規定されており、お互いに補完するようにできている。筆者は憲法問題について議論をしようとしているわけではないため、連邦直轄領以外の州における州リストに書かれたイスラムに関する記述のみに言及する。本稿において焦点を当てたいのは、連邦憲法におけるイスラムの立法権限である。
　イスラム関連の問題は連邦憲法において、州の管轄とされている。各州におけるイスラム教の指導者がスルタンであることを考えれば、これは理解できるだろう。スルタンが国王および国王代理に就任する際には、連邦憲法第四表に記されているように、いかなる場合でもイスラムを保持すると宣誓することにより、この関係性は更に強化されることになる。
　イスラムが持つ特別な地位というのは独立後に作られたものではなく、マレー諸島にイスラムが到来して以来の伝統である。イスラムが作り上げた環境の中において慣習法も徐々に修正されていった。マレーの慣習とイスラム法は一貫性を保っており、スルタンによる支配について「イスラムのシャリアは社会規範の根幹であり、クルアーンはシャリア

の根幹であり、原則により決められた規則には従わなければいけない」というマレー語の格言にも謳われている。

　マレー諸島の共同体では、植民地時代以前からイスラムが大きな役割を果たしていた。植民地時代に入っても、イスラム法の中でも特にイスラム家族法について変更が加えられることはなかった。例えばペラ99法典においては、クルアーンとスンナに従わない人々は森に追放し、クルアーンとスンナを信じていない指導者は、国の指導者としては不適格であるとされていた。スルタンはイスラムに関しては大きな権限を持っており、イスラムの指導者としての権限は、植民地時代を通じて変更されることがなかった。

　イスラム法の観点から見ると、イスラムの教義を掲げる上でスルタンが果たした役割は大きかったと言えるだろう。例えばイブン・ナキブ・アル・ミスリは著書の中でラジャの役割について以下のように書いている。

　　ⅰ．ムスリム関連の案件に対応
　　ⅱ．イスラムの優位性を維持
　　ⅲ．アッラーの法律を確立
　　ⅳ．ムスリムがイスラムの教義を学べる状況を確保
　　ⅴ．伝道や征服を通じてイスラムの高貴さや卓越性を拡大
　　ⅵ．他宗教の侵略からイスラム教国を防衛
　　ⅶ．巡礼者に対する援助・接遇
　　ⅷ．金曜の礼拝を本人もしくは代理人が主催
　　ⅸ．治安維持を司る役務の遂行

　州政府管轄に話を戻すと、連邦直轄領以外では州にイスラム教関連の自治権を与えており、自治権を持った州が独自に宗教委員会、法律学者、シャリア法廷、宗教省を設置することができる。イスラム関連で州に対して与えられている権限は単に儀礼的なものではなく、法的拘束力もあり、連邦政府と州政府の関係性にも重要な影響を与えている。イスラム法は独自の法律学を構築しており、イスラム法を深く学んだ者でないと理解できないことも多い。

　言葉を変えて言うと、イスラムの宗教問題は宗教的指導者が率いる州の管轄であり、スルタンの同意がなければ連邦政府であっても干渉できないということである。州政府がイスラム関連問題に関する完全な権限

を持っていると言っても過言ではない。同様に、州政府は移民、国防、治安などの連邦レベルの問題に干渉することができない。

　連邦政府および州政府の立法機関は、この考えを尊重するべきであり、互いの管轄に足を踏み入れてはならない。お互いの権限への介入は連邦制度という考えを侵害するものであり、結果として双方の立法府がアイデンティティを失い、それぞれが管轄を超えて活動するようになってしまう。このような不調和が生まれれば、国の運営が混乱することになるだろう。

7 連邦憲法における
イスラム法の刑罰

　フドゥード（刑罰）については人々の間でも議論が絶えない。ブルネイ・ダルサラーム国が 2014 年半ばにフドゥードの施行を宣言した際は、白熱した議論が沸き起こった。マレーシアでフドゥードを広めたいと考えるムスリムにとって、ブルネイでの成功は大きな後押しになっている。

　フドゥードやキサース（報復刑）などのイスラム刑法は、クルアーンの中に明確に記されている。これに異論を唱える人々は、クルアーンや信仰に対して異論を唱えていると考えられがちである。しかし、アッラーの法律としてのフドゥードに異議を唱える人間と、さまざまな理由でフドゥードがまだ施行されていないと主張する人間を区別して話さなければいけないだろう。

　さまざまな人々がソーシャルメディアや大手新聞などで考え方や意見を表明してきている。しかし議論があまりにミクロ的な視点にこだわりすぎているため、イスラム刑法の哲学や美しさが理解されていないという問題がある。

　議論はフドゥードだけに限定するのではなく、キサースやタクジール（裁判官の裁量刑）を含めたイスラムにおける刑法全体に広げるべきである。クルアーンを見てみても、フドゥードは犯罪だけでなく婚姻関係に関する決まりなどにも一部言及している。アッラーはフドゥードという言葉を使用しているが、これはいかなる場合でも信徒が越えてはいけない境界線としてアッラーが設定したものという意味である。

　この議論はフドゥードの刑罰だけではなく、証拠、証言、恩赦（キサースの場合）、処刑などの側面を含めて考えなければいけない。フドゥードの議論は窃盗した時には手を切断するなど限定的なことに目が向きがちであるが、これらのことは些細な問題であり、重要なことではない。

　フドゥードの議論だけに留めるのではなく、イスラムの刑法についても議論するべきだろう。フドゥードの細かい事柄についてではなく、法律自体についての議論が必要だからだ。フドゥードを支えている哲学を抜きにしては議論を成立させることすら不可能である。

　フドゥード、キサース、タクジールで構成されるイスラム刑法は、そ

れを制定した議会や州議会の権限と重複しているところがある。連邦憲法第九表は、議会と州議会の権限を一覧にして記している。

第一リストは議会が法制定の権限を持つ事項を、第二リストは州議会が権限を持つ事項を明記している。第三リストは並列リストといい、議会と州議会がともに法制定の権限を持つ事項を記している。

簡単に説明すると、犯罪に関する事項は第一リストに含まれており、議会が法制定の権限を持つ。そしてここに記載されているのは強盗（フドゥード）、殺人、鞭打ちなど（キサース）、およびその他タクジールに該当する犯罪である。

姦通、背教行為、冤罪、飲酒などの犯罪、および近接、同意なしの重婚、断食などは州政府の権限内である。ここで考えるべきなのは、フドゥード、キサース、タクジールなどの犯罪は全て州政府の管轄として一括的に委譲することが可能なのか、ということだろう。

州議会の権限として言及されていない事項については、法律の画一化を規定した連邦憲法第76A条の条項を適用することも可能だろう。しかし第76A条を適用しても、例えばイスラム教義に反する犯罪について5000リンギット以下の罰金、3年以下の懲役、鞭打ち6回以下の刑罰を定めた1984年シャリア法廷（刑事裁判権）法のように、州議会の権限が制限されるという問題が残されている。

「スライマン・タクリブ対トレンガヌ州イスラム教委員会係争」において、「イスラムの教義に反する」という文言の解釈に疑義が出されたのは、有意義だったといえるだろう。これは「イスラムの基本原則に違反する」ことなので、州政府はイスラム教義に反する犯罪のみに権限が及ぶことになる。この解釈の制限が法廷によって認められれば、多くのシャリア刑法違反が憲法違反で無効になる。

連邦裁判所がそのような解釈の制限に反対し、「イスラムの基本原則に違反する」という意味であるとして結審したのは喜ぶべきことだっただろう。この決定により、イスラムの教義に反する不法行為は憲法の枠組に従い、州政府が判断する犯罪となったのである。

これにより、イスラムの教えに違反する犯罪は全て規定できるようになったと理解できる

シャリア刑法に議論を戻すと、もしムスリムである人々が本当にその刑法を法制化したいと考えるのであれば、現実に実施するための方策を共に考えていくべきであり、そのためには個人的な政治的利益は一旦忘れなければいけない。マレーシアにおいてシャリア刑法を実施するため、

どのようにすれば最善なのかという宗教的な利益が優先されるべきである。マレーシアの状況はブルネイとは異なるが、きちんと努力すればアッラーが道を示してくださるだろう。

8 Act 355：誤解と混乱

　本稿はマラン地区のダト・スリ・アブドゥル・ハディ・アワン議員が提出した法案を中心に検証する。最近はこの法案について多くの人が議論しているが、二層統治制度を持つマレーシアの連邦憲法や刑法の知識を持たずに行われていることが多い。

　問題を指摘する声は日に日に高まっているが、次第に真実から遠ざかってきている。この件について議論をしているのは一般市民ではなく、議員や弁護士、または特定の意図を持った人々である。これらの人々は国の法制基盤を誤解していたり、または一般の人々を混乱させようと目論んでいるようである。

　この法案によってフドゥードを施行していた時代に戻そうとしている、という大きな誤解が一部にある。よく理解されているように、一般的にフドゥードには背教、姦通、姦通の冤罪、飲酒、窃盗、強盗、反社会的行為の7つがある。

　連邦憲法が規定する権限の割当によると、刑事裁判権は連邦政府の管轄であり、州政府が管轄するのはムスリムがイスラムの教えに反した場合のみである。このため、ムスリムによる背教、姦通、姦通の冤罪、飲酒は州議会の権限内で判断されるが、窃盗、強盗、反社会的行為の犯罪は連邦政府の管轄になる。これを変更するためには連邦憲法第9表の改正が必要になるので、法案はこの仕組を変更しようとしているわけではない。

　このようにフドゥード犯罪の一部はシャリア法廷の管轄外として残されるため、この法案はフドゥードを施行していた時代に戻ることを目的にしたものとは言えないだろう。姦通や姦通の冤罪、飲酒などの行為はシャリアに決められたとおり鞭打ち刑を加えることができるかもしれないが、それでも死刑とするのは現実的ではないだろう。

　シャリアによる鞭打ちは、刑務所内で執行されるような一般の裁判所による鞭打ちとは区別しなければいけないだろう。一般の裁判による鞭打ちは非常な苦痛を伴い、受刑者を傷つけるものである。

　シャリア刑事訴訟法125項は、鞭打ちに使用する鞭は握りの部分を除くと同じタイプのものを使うことと規定しており、長さ1.22メートル

直径1.25センチメートル以下で継ぎ目のないラタン・ヤシもしくは小さな木の枝と定めている。鞭打ち刑が実施される前に、受刑者は政府の医療スタッフによる検査を受け健康であることが確認されて初めて刑を受けることになる。受刑者が妊婦である場合、刑の執行は延期される。鞭を使って刑を執行する人間は公正で成熟した人間でなければならず、受刑者の皮膚を傷つけないよう平均的な腕力で頭よりも高く手を上げてはいけない。鞭打ちは顔、頭、腹、胸、股間を除いて、全身が対象になる。

シャリアによる鞭打ちはムスリムのみを対象としており、傷をつけることがある一般の裁判による鞭打ちとは大きく異なるのである。

法案は刑の執行をムスリムだけに限定しているため、非ムスリムは鞭打ちの心配をする理由が全くないのである。

もう一つ取り上げられる問題は、法案が通過して法律になった場合の合憲性である。ここで矛盾が出てくるのは、法の前での平等を定めた連邦憲法第8条である。ムスリムと非ムスリムで別のシステムを採用することになってしまい、連邦憲法第8条に反するという主張であるが、連邦憲法は一つの条文を取り出して読むのではなく、個々の関連性を理解しなければならない。

現実には平等な権利というのは無制限に与えられるものではない。また、連邦憲法自体でも第9表を通じて異なる法体系の存在を示しており、つまり連邦憲法でこのような違いを許容しているということである。このため、法の二重性が連邦憲法と整合性が取れていないと言う批判は当たらない。

法案が承認されれば、シャリア法廷に対する権限付与という点で非常に重要な変更になる。現行制度ではシャリア法廷が持つ刑事裁判権は3年以下の懲役、5,000リンギット以下の罰金、鞭打ち6回以下に限られている。これは下級裁判所よりも下位に置かれていることを示している。

我々は法的な根拠が無い主張に惑わされ、事実に基づかないことで混乱や恐怖を起こそうとしている人々に騙されないようにしなければいけないだろう。シャリア法廷の強化を求めているのが政府であっても野党であっても、支援していかなければいけない。重要なのは目的であって、誰が提唱しているのかは関係ないのだ。

9 国王の役割

　最高権力は国王にあると憲法で規定されている。国王が就任することは、マレーシアが唯一無二の立憲君主制であることを示している。
　マレーシアにおける君主制がユニークなのは、9人いるスルタンが5年おきに順番に国王の座につくということである。連邦憲法32(1)条によると、連邦には国王と呼ばれる最高指導者がいなければならないとされる。
　国王という地位は連邦内のいかなる人にも優先され、通常の法廷では訴追されない。訴追することができるのは、第15部（182条および183条）に従って設置された特別法廷のみである。憲法が国王の次に規定しているのは、王妃である。国王は連邦の最高指導者として、明文化された憲法で大きな権限を与えられているが、行政、立法、司法という政府の三つの権力それぞれにおいて役割と機能を担っている。
　イスラムは連邦憲法で重要な役割を与えられており、国王の就任式においても相応の待遇がされている。就任式は儀典長が国王の短剣とともにクルアーンを持ち込むことで始まり、王位任命と就任宣言および就任宣誓へと続く。そして「パルパル・ムラユ」という曲を演奏する王宮音楽隊の音に合わせ、侍従がその他の神器を持ち込む。クルアーンはイスラムの生活のシンボルとして机の上に置かれるが、これはクルアーンが国を治める国王にとっての指針となることを現している。そしてクルアーンに対する敬意と栄誉の印として、クルアーンに接吻をする。
　国王は宣誓において「ワッラーヒ　ワビッラーヒ　ワタッラーヒ（アッラーの御名にかけて）」という言葉を唱え、批准・公布された法律と憲法に従ってマレーシアを公正に統治するために忠誠を誓う。そして常にイスラム教を守り、公平で平和な国を作るために断固として臨むことを誓う。国王は5年間にわたりイスラムの繁栄と地位を守っていくことを力強く明確に宣言するのである。この立場は次の国王が任命されても同じように継続されるものである。
　宣誓文は連邦憲法37条に基づいて作られた第4表第1部で確認できる。

国王は連邦におけるイスラム教の指導者である。憲法第3条はイスラムが連邦の宗教であると規定しているが、その他の宗教も連邦内において平和と調和を持って実践することが認められている。憲法第3条はマラッカ、ペナン、サバ、サラワクの各州においても国王に対して州内宗教指導者としての地位を与えるよう、条項を制定するよう求めている。

　また、クアラ・ルンプール、プトラジャヤ、ラブアンと言った連邦直轄地、および自身が出身の州においても、イスラムの指導者は国王である。また、ペナン、マラッカ、連邦直轄地においては州イスラム教評議会の助言に従って特別職を任命する。イスラム教の指導者としての職務に加えて、国王は憲法第153条に従いマレー系住民および原住民の特別な地位を守る守護者としての役割と責任も担う。

　国王は憲法第41条に規定されているように連邦軍の最高指揮官でもある。イスラム、マレー系住民および原住民の主権を守るため、国王やスルタンは大きな責任を持っていることが明らかだろう。

　国王とスルタンはマレーシアにおけるイスラムの主権と地位を守るための砦と言って良いだろう。しかし憲法において、他の宗教もいくつかの制限を受けるが自由に信仰できることが規定されている。同様に、非ムスリムが宗教を実践する自由は、イスラム教においても保証されている。非ムスリムがイスラム教国において宗教を理由として抑圧されることがなかったということは、イスラムの歴史を紐解けば明らかだろう。

10 イスラムからの改宗と憲法11条

　イスラムからの改宗、つまりムルタッド（背教）問題には、近年注目が集まっている。背教問題は重要な争点となっているが、それは特定の利益を得るために作り出されたというわけではない。
　これは宗教の改宗を理由とした改名の事例や、シャリア法廷や民事法廷に申請されたイスラムからの改宗事例に見ることができる。
　また、ムスリムではないことを確認する法定宣言をし、公正証書を発行する人も多く存在する。ムスリムでないパートナーと同居し、子どもが生まれるのを機に相手方の宗教に従うというムスリムもいる。背教は何らかの理由によって集団単位で起きることもある。カディアニ、アヤー・ピン、ラスル・ムラユなど、異端と断定された教えに従う人々は背教者に分類される。
　10代の若者の間でも悪魔信仰や「ジャンガン・イクッ・トゥハン（神への非追随）」運動などに参加するケースが報告されている。その他にも他の宗教を信仰したり、イスラムの教えから外れる儀式をおこなうことによって、知らずに背教者になることがあるが、これらの人々は背教の理由を特定されることを拒否しており、静かに宗教活動を行っている。
　ペラ州、マラッカ州、クランタン州、サバ州、ヌグリ・スンビラン州など、未遂も含めて背教に関するシャリア刑法が定められている州はマレーシアでは少ない。また、ムスリムでなくなった人間に対しその宣言をする権限がシャリア法廷に与えられている。
　ムスリムに対する布教活動は、非イスラム教布教制限・規制法において犯罪とされており、民事法廷で裁かれることになる。
　生活の中における宗教の重要性が薄まるにつれ、ムスリムの信仰心が弱まってきており、結果としてアッラーに対する信頼も時として薄まることになってしまっている。
　アッラーへの信頼に対する危機は、背教となって行動に現れる。アイシャー・ハジ・ボハリ、ハルティナ・ハジ・カマルディン、アズリナ・ジャイラニ、シティ・ファティマー・タンなどの名前を覚えているムスリムは、もうすでにいないのかもしれない。しかしこれらの名前は背教に関

する問題を論じる際に挙がる人々であり、ムスリムに対する布教が行われたことを証明しているものでもある。

どうやら棄教をしたいと考えるムスリムに対して問題だと感じないムスリムも一部にはいるようである。宗教の自由の名のもとで背教したいと考えるムスリムを手助けするものも存在する。ムスリムが背教に対して問題意識を感じなくなれば、マレーシアにおいて普通のこととして捉えられることになるだろう。実際にそうなれば、ムスリムがイスラムを取り戻そうといくら努力しても手遅れになるだろう。

実際のところ、ムスリムは棄教や背教する権利を与えられておらず、大きな過失であり、重罪であるとみなされる。背教がムスリムの権利であるという主張はイスラムから遠くかけ離れたものである。背教はフドゥードに照らして犯罪とされている。

連邦憲法を隠れ蓑にして、ムスリムにも背教が人権として認められているという主張は、連邦憲法に照らしても全く根拠がないものである。

連邦憲法第11(1)条がすべての人に宗教を告白し実践する権利を与えているというのは事実であるが、ムスリムに認められているのはイスラム教への信仰を告白し実践する権利である。同様に仏教、ヒンズー教、キリスト教の信仰者はそれぞれの宗教を告白し実践する自由を有している。しかし第11(1)条は宗教を変更する権利を人に与えているというわけではない。改宗するためには実際の宗教と法律のルールに従って行われなければいけない。

法律が賦与する権利は絶対的なものではなく、制限があるものである。権利自体も通常は責任とバランスを取るものだ。

背教の問題はイスラムの教えから切り離すべきではない。マレーシアにおいては、宗教活動や組織から距離を置くようにする行動がしばしば見られるようになってきている。いずれはムスリムがイスラムから「解放」されて宗教とは関係なく生きていくかもしれない。そのときにはムスリムが背教者になるのは簡単だろう。

背教の問題は誠実かつ慎重に対応しなければいけない。政府、家族、宗教機関、非政府組織（NGO）、社会はそれぞれ背教問題の解決に向けて重要な役割を担っている。解決するためには慎重さと誠実さを持って取り組むことが非常に重要であり、ムスリムが背教することを防ぐことにつながる。法律や教育を通じてムスリムの信念、宗教の信仰、道徳を強めることができるだろう。イスラムの教えの有効性を確かめるためには、これを同時進行で推進するべきである。

ムスリムが背教者にならないように導くための取り組みは、たとえ失敗に終わったとしても賞賛されるべきものである。このような取り組みを強化することこそが重要なのである。

背教を食い止めるためには何が最適の方法なのかを議論している時間はムスリムには残されていない。背教が広がるのを防ぐためには、どの方法をとるのかは重要ではなく、何もしないことこそが間違いなのだ。

第 2 部

法制度と法廷

11 法改革

　イスラムが法律と法体系を整備するには長い年月を必要とした。イスラムが誕生前のアラブ社会では、メッカの非イスラム社会と同様に法制度はきちんと整備されておらず不公平なものだった。金持ちは貧しい人を虐げ、二級市民と考えられていた女性は殺しても無視しても、そして抑圧しても構わない対象であり、社会での役割が認められていなかったのである。当時は日常的に弾圧がおこなわれていた。イスラムが生まれて初めてイスラム法が正しい司法のあり方を示し、正義が掲げられて不正が正されることになっていったのである。

　イスラム法体系では公正さに重点が置かれているが、その公正という尺度が状況次第で変化することは認められていない。なぜならば、それは不公正さが広がる原因になってしまうからである。アッラーは次のようなことを言っている。

　　もし裁くならば、かれらの間を公平に裁決しなさい。アッラーは公平に行う者を愛でられる。

（食卓章　5:42）

　決断や行動の際、公正さに重きを置いている文章がクルアーンにも多く見られる。ムスリムがこれを見れば、イスラムでは公正さに妥協してはいけないと考えるだろう。公正はイスラム法と法制度における根幹部分であるため、イスラム法制度では公正さに抵触する問題点は許容されない。

　決断や行動の際に公正であることに重きを置いている文章がクルアーンの中にも多く見られる。ムスリムはこれを見れば、イスラムにおいて公正さに妥協してはいけないと考えるだろう。公正さはイスラム法と法制度における根幹部分であるため、イスラム法制度では公正さに抵触する問題点は許容されない。

　従って、弁護士や裁判官などイスラム法の専門家は、イスラムの真髄である公正さを照らし出すというイスラム法の究極の目的を真に理解するように学ぶべきであろう。イスラム法の哲学を理解するためには、法

学の基礎を学んでおくことが非常に重要である。

　法律の世界には「時が変われば法の要件も変わる」という言葉があるが、マレーシアの学者は法が社会の変化に対応して使われていくように法を補完するルールを常に再評価していかなければならない。このルールはこれまでも、原典からの推論というプロセスをすでに経ており、ムスリム学者が過去にいろいろな疑問や状況に応えるために利用されてきた。しかしこれらの学者も1,000年以上後の争点に彼らの判決が適用されることを願っていたわけではない。

　現代の状況というのは1,000年前と比べれば大きく変わってきている。イスラム法の柔軟性を示すためには、ルールは時代に応じて変化させなければいけない。これは、世界の他の法体系にはないイスラム法の特徴だろう。

　とは言え、クルアーンやスンナの原文は変更できるものではなく、原理や基礎が変わるわけではない。イスラム法は柔軟性を持ち活力に満ちているので、これが重要な特徴となっている。フィクフ（イスラム法の法解釈学）においては、社会的な現実や周囲の環境から乖離していてはならないというのがルールである。

　個別法を起草する際には、イスラム法は柔軟であるという原則に目を向けなければいけない。国の法体系にイスラム法の理念を浸透させるため、機会があれば有効に活用していくべきであるというのは、全ての法学者が合意している点である。

　イブヌ・カイムは以下のように主張している。

> 「法律の解釈は時間、場所、状況、意図、文化によって変化の過程を経なければいけない。この事実を否定すればシャリア法を正しく扱うことができなくなる。これは困難かつ不条理なことであり、人類の利益に重きを置くイスラム法はこれを認めない」

　過去にシャリア法廷で適用されてきた手続きや証拠に関する個別法の多くは、現在の慣行に従えば適切ではないと言える。シャリア法廷は、証拠や手続きについて新しく堅固な個別法を策定する時期が来ているだろう。イスラム法の本来の条文に矛盾しない限りは、古い法律を改めて新しい法律を作ることはイスラムでも禁じられていない。シャリア法廷で使われる証拠に関する法律には、民事法廷で適用されるものとほぼ同じ条文が含まれている。

これは、民事法廷で使われていた 1950 年証拠法にシャリアに矛盾する条文があったため、これを修正した法律がシャリア法廷で採用されてきたという事情がある。このような法律の利用の条件や制限は、イスラム法と一致しない条項や解釈は無効であるとした 2003 年シャリア法廷証拠（セランゴール州）法第 130 項や、1997 年シャリア法廷証拠（連邦領）法に明確に記載されている。

　このように証拠や手続きに関する民事法廷の法律は、シャリア法廷の裁定において利用されてきたが、このやり方がイスラム法に反しているというわけではない。預言者ムハンマド自身が当時行わなかったことでも、シャリアに反していないのであればシャリア法廷で適用しても良いということである。

12 シャリア法廷と民事法廷

　2010年、マレーシアの人権委員会委員長であるタン・スリ・アブ・タリブ・オスマン氏は、シャリア法廷の裁判官に対しても民事裁判官と同等の待遇と特権を与えるべきだと提案をした。
　これは裁判官の報酬や待遇だけでなく、シャリア法廷およびその施設全体の改善を指摘したものである。シャリア法廷の地位に関する議論は多くの問題が相互に関連しているからである。
　歴史的に見ると植民地時代の支配者は、効率的かつ組織的にイスラム法が持つ理念を排除していくことに成功した。とりわけ民事法廷として立派な建物を建設し、様々な設備や黒い法服を来た裁判官で飾り立てることで、支配者は力や畏怖、敬意を感じさせるよう仕向けたのである。この当時、裁判官は裁判の審理をするために、わざわざイングランドからマレー半島に連れてこられたものである。
　それと同時にシャリア法廷が受けた扱いは不公平なものであった。カディ（当時シャリア裁判官を指していた）の報酬は低く、老朽化した建物を使い、最低限の設備しか与えられていなかったため、人々は法廷を恐れる必要がないと感じ、法体系そのものに対する敬意が失われてしまったのである。
　さらにはカディが着る聖職者のガウンやターバンは制服ではなかったため、シャリア法廷の地位は低く見られており、法的強制力のある判決ではなく、単に宗教的アドバイスを聞きに行く場所に過ぎないとみられるようになっていた。次第にカディが下すシャリア法廷の判決が守られず、敬意が払われずに法的意味を失い、状況が悪化していった。
　その後事態は次第に改善していき、イスラム法体系の地位が向上したのは喜ばしいことである。連邦憲法第121(1A)条が改正されシャリア司法省(JKSM)が設置されると、マレーシアにおけるスラム法体系に多くの改善がみられるようになった。しかし理想の水準に至るには、さらなる取り組みが求められている。
　私たちの社会は、シャリア法廷の判断やシャリア法が民事法廷と同様に畏怖と敬意を持って信頼されるという段階には至っていない。シャリア法廷と法体系に対して勝手な批判を繰り広げる人が目につくが、それ

はこういった理由からだろう。

　例えば、我々はシャリア法廷に持ち込まれた判例についての批判をよく目にすることがある。シャリア法廷の審理に時間がかかりすぎる結果、女性を始め多くの人々が迫害を受け、何度も法廷に足を運ぶことを強いられると批判されてきた。

　批判をする人は専門家では無く、公判中に行われる手続きなどについて無知なのであるが、そこにはシャリア法廷への軽視が現れていると言えるだろう。

　マレーシアの人権委員会議長は、シャリア法を維持する上で重要なのは政府がシャリア法廷裁判官の給与水準を見直すことがポイントだと表明している。

　タン・スリ・アブ・タリブ・オスマン氏が指摘しているとおり、民事高等裁判所の裁判官の給与はシャリア法廷裁判官と大きく差がある。民事裁判官の給与の方がはるかに高く、これは裁判官の給与、宿泊設備、メイド、植木屋、および死亡時に家族が受け取れる年金などについて定めた1971年裁判官報酬法により規定されている。法律では高等裁判所から司法長官まで、すべての民事法廷裁判官業務についての報酬が定められている。

　シャリア法廷裁判官の給与水準は民事裁判官よりずっと低い。それはシャリア学位かそれと同程度の学位を持つシャリア官吏の給与を定めた制度によって決まっている。給与水準はL41という段階からL44、L48という具合に細かく決まっているが、シャリア法廷裁判官の給与水準はL48以上のレベルということにはなっている。

　政府はシャリア裁判官に対して修士号や博士号まで習得するように奨励するべきである。シャリア裁判官の多くが修士号や博士号を取得しているのは好ましいことであり、これによりシャリア法廷に対する評価は上がってくるだろう。興味がある人間には全員に対してこのような機会を提供するべきであり、学業を追求する裁判官が出て欠員が生じたら、それを補充する任命がなされるべきである。

　幾つかの研究によると、予備審問、民事裁判や刑事裁判を含めると、シャリア裁判官は一日あたり15から25の案件を処理しており、裁判所と裁判官の数を増やす必要があるだろう。中には一日あたり35件の処理を余儀なくされている裁判官もいるようである。

　現状では業務量が過剰であるため、業務を適切に配分し、シャリア裁判官の健康状態にも配慮することが望ましい。シャリア裁判官は単に裁

判を審理し判決を下すだけでなく、公判の記録を整える必要もあるので、これに応じた報酬を与えるべきである。

公判の進捗管理を改善するためには記録補佐係の人数も増員するべきである。裁判記録を筆記する代わりに録音し、ビデオ会議で審理するための最新設備を各部屋に準備し、民事裁判所と同様の改善を施すことを提案する。

また、有能な速記者を配置して裁判官を補佐し、裁判の記録を構造的かつ詳細に残すことにより、裁判官を正確かつ迅速に支援できるようにするべきである。民事裁判官が受けているような特権をシャリア裁判官に対しても与えるべきである。

裁判所の事務システムも同様の改善が必要である。事務職員やサポート職員を増員することにより、常にクライアントに友好的になり笑顔を見せ、電話や問い合わせに対して優しさと礼儀を持って対応するための研修を受けさせるべきだろう。渉外活動の研修によるサービス改善を通じて、シャリア法制度の事務全体を円滑に進めることが必要である。

また、当局はデータ、ファイル管理などに習熟したスタッフをシャリア法廷に配置するべきである。現行の状況はさらに改善し、シャリア法廷の地位を向上することに勤めるべきだ。

シャリア法の地位向上で最も必要なのは、シャリア法廷を刑事裁判権の分野で改善することである。現行ではシャリア法廷は刑法の分野においては3年以下の懲役、5,000リンギット以下の罰金、鞭打ち6回までしか処罰できないからである。

全てのムスリムは、政府が適切な対策を取ってシャリア法廷とシャリア法の地位を向上させ、シャリア裁判官の報酬と特権を適切な水準に引き上げることを望んでいる。

13 シャリア検事と宗教の執行

　近年、政府がシャリア法廷をマレーシアにおけるムスリム司法行政の重要な一部として認識し、国および州のレベルで協力して強化しようとしていると聞き、好ましく感じている人は多いだろう。今日に至るまで、シャリア法廷が上げてきた実績と発展を我々は目の当たりにしてきた。シャリア法機関は一つの基準点となり、国内外の法廷が徐々に多くの点で模範とするようになってきている。

　クランタン州シャリア法廷裁判長であるダト・ダウド・ムハンマド氏は 2013 年末、クランタン州のシャリア法廷がフドゥード法の施行を準備していると発言した。この発言は多くの注目を集め、シャリア法廷に冷ややかな対応をしてきた人に対して驚きを与えた。

　これ以前にも総理省長官であるダト・スリ・ジャミル・キール・バハロム氏は、イスラムに反する犯罪への刑罰を 3 年以下、5,000 リンギット以下、もしくは鞭打ち 6 回までしか州議会の権限を認めていない 1984 年シャリア法廷（刑事裁判権）法について、当時の司法長官タン・スリ・アブドゥル・ガニ・パタイル氏に改正する承認を与えたと発表した。

　報道によると、法改正によってシャリア法廷が死刑以外の刑罰を与えられるようになるという。シャリア法学者から見ると、この改正が実現すればシャリア法廷の刑事裁判に劇的な変化がもたらされるだろうと推測される。フドゥード、キサース、タクジールを含めたシャリア刑法の 80％を実施するのも不可能ではなくなるからである。

　この取り組みがシャリア法廷強化を目指す政府の決意の現れであるというのは、明らかだろう。また、政府は民事裁判所と同等程度までシャリア法廷の地位を高めるため、シャリア裁判官の報酬、裁判所の改修、司法権の拡大に関する法律も施行しようとしている

　しかし一部の人々は、シャリア法廷で刑事裁判などの公判を行うよう支援する団体があるということを知らないかもしれない。

　これを推進しているのが、シャリア検事や宗教捜査機関などの団体である。シャリア検事とはある州において犯罪を起こしたと疑われる人物を訴追する人物、そして宗教捜査機関とは犯罪を起こした人について捜査をして証拠を集める機関である。

シャリア法廷が証拠の提出を受けて公平な判断を下すためには、これらの役割がとても重要である。

しかし検事と機関はシャリア法廷機関と比べるとあまり注目をされていないというのも事実である。政府はシャリア検事と宗教捜査機関の仕組を人事、研修、広報、運営について再構築する時期が来たのではないだろうか。

比較対象である裁判所がどのようにして刑事裁判を行うかを学び、シャリア法廷との違いを調査していくことが必要だろう。法のシステムだと、警察やマレーシア汚職監視委員会（MACC）など他の専門機関が捜査を行うことになっている。

捜査が完了するとその結果は検事に渡り、訴追するかどうかの判断をすることになる。検事はマレーシア王立警察（PDRM）やMACCから独立した捜査機関である。

しかしマレーシアにおけるシャリア法のシステムでは、シャリア検事と宗教捜査機関はともに州イスラム宗教省に所属する機関である。このため、捜査が他の干渉を得ず、独自に、すみやかに執り行えているかについては疑念なしとしない。

とは言え、いくつかの州ではこの両者を州宗教省から独立させようという取り組みが行われ始めている。これらの取り組みが上手く行けば、マレーシアにおけるシャリア刑法システムがより効率的に運用されるようになっていくだろう。

シャリア法廷に持ち込まれる問題は、シーア、カディアニ、アヤー・ピン、ラスル・ムラユ、トゥハン・ハルンを始め少数派の教義が広まることによってますます複雑化してきている。

2014年半ばに起きたパハン州の宗教捜査機関長官殺人事件は、少数派に関する捜査をする公務と関連があると考えられており、両機関のシステムや職員の福祉を再評価する必要性を示していると言える。シャリア刑法犯罪を処理する人員不足というのは、サラワク州、パハン州、セランゴール州、ペラ州など比較的大きな州において特に大きな問題となっている。

政府はまた、シャリア検事や宗教捜査機関向けの標準作業手順書（SOP）をより構造的かつシステマチックに改定する必要がある。これは、すべての手続きで間違いを犯さずに公務を執行し、のちに法廷での追求を避けるための方策である。

SOPを準備することによって、シャリア検事と宗教捜査機関に根拠

のない批判をする人に対応できるようになる。両機関の整備が整えば、シャリア法の裁判においても民事法システムと同じような専門知識と技術を活用できるようになり、大きな影響を与えることが確実だろう。最も避けなければいけないのは、シャリア法廷に持ち込まれた案件が技術的ミスや訴追の技量不足、法廷が求める証拠の確保不能などにより、訴訟をこなすことができなくなることである。

　シャリア法廷、シャリア検事、宗教捜査機関の三つの主要機関は同時並行で整備を行う必要がある。検事や捜査機関に捜査の権限が与えられておらず、プロ意識や専門知識が欠如していれば、法廷の設備を整備しても無駄になるからである。職務遂行のために行動の自由が与えられるということも当然必要である。

　これら三つの機関を改革すれば、マレーシアのシャリア法体系にとって新たなベンチマークとなり、いずれマレーシアの人々に大きな利益をもたらしてくれることだろう。マレーシアが宗教の面で成功すれば、国内外からの賞賛を受けることになるだろう。

　しかし成功したとしても、自己満足に浸ることはできない。マレーシアの全ての法廷の権威を保ち、イスラム機関の業績を守るためには、改善しなければいけない点や分野がまだ数多く残されているのである。

14 倫理観と法

　数年前にマレーシアでは、倫理観に関する法律を制定するべきか否かで議論がされてきた。倫理観というのは個人の権利であり、多くの人は倫理観が法律で規定されるべきものではないという意見を表明した。公的な倫理に反することであっても、倫理は個人の自由であるべきと言う主張である。

　2015年末にG25と自称する団体が、イスラム法の幾つかの改正と廃止をするための諮問委員会を設置することを求めることにより、この問題が再びニュースになるようになってきた。例えば私的住居における親族以外との近接は個人の権利およびプライバシーであるとして、これに対する罰則に関する法律も対象に含まれている。彼らの主張によると、この法律は憲法に謳われている個人の自由に反しているという。

　これらの人々は西欧の観点のみを通じて法律を解釈しており、宗教と融合した現地の文化を考慮に入れていないのだろう。個人の道徳に一定の価値観を押し付けるため法律を使うということに反対し、道徳的でない不品行を法律で縛ることは出来ないというのが、彼らの主張である。罪を犯した場合に罰を下せるのは神のみであり、神のみが行えることに対して人間が干渉するべきではない。罪を犯した人間と神の間の問題に対して、政府は干渉するべきでは無いだろう。

　よって、男性と女性の同居、姦通、悪習などの行為を法律が未然に防ぐことは出来ない。個人の権利であって、両者の同意が有れば疑問を呈すことは出来ないからである。

　もしこの意見が真実であるとした場合、預言者ムハンマドが教えた「善に与して悪を禁じる」の考えはどうなるのだろうか、という疑問が生じる。

　現代において、道徳に関する法律への抵抗が強まっているため、社会の道徳観が非常にゆるくなっている。結果として若者が日々、臆面もなく公的な場で非道徳的行為を繰り返すのを目にするようになっているのである。

　共同体の構成員による不品行を政府が監視することはできない、と言う主張をしばしば耳にすることがある。ウマルが個人住居の監視を禁じ

たという事例が、その主張の根拠として用いられる。しかし市民個人の権利を保証したシャリア法廷シャリア刑事訴訟法が根拠として用いられることはない。

さらに気がかりなのは、近年広がりつつある捨て子の問題である。これは一度だけではなく継続的に発生している問題である。姦通によって生まれた多くの赤ん坊が、親の罪を隠すために残忍に殺されてしまうというのは人道に悖る行為である。無実の赤ん坊が非人道的な両親によって、この世に生きる権利を奪われる被害者となってしまっているのである。

幼児殺害の犯人は警察に見つからなければ罰を逃れることができるかもしれないが、来世においてアッラーによる厳罰が下るであろう。例え小さな罪であっても、我々は来世においてアッラーの罰を免れることは出来ないのである。

幼児の殺害が頻繁に起こるようになったのは、社会が道徳を守る行動が大事だと考えなくなったからだろう。近接行為や公共の場での淫らな行為を恥と考える感情がなくなってきており、多くの人がこれらの淫らな行為を近代社会・先進社会のシンボルとして受け入れるようになってきている。若者が恥ずかしげもなくパーティーやディスコへ行き酒を飲み抱擁をする中、それが当然のことのようになっているのをしばしば目撃する。

一方でこれを非難する人々は時代遅れで極端な狂信的信者であると言われる。若者に対する措置は全て権利やプライバシーの侵害と捉えられてしまうのである。

このような状況は問題である。善行と道徳は神聖なものであり、国の柱となると認識されているにもかかわらず、この社会的問題が常に軽く扱われてきている。道徳心の崩壊は現実に起きている危機である。

道徳心の育成は結局のところ個人の問題であり両親が形成していくものではあるが、社会全体が道徳維持に失敗すれば破滅的な結果を招くため、周囲の人の幸福を守り強化するためには法律の制定が必要になる。人々の道徳は法的な指導があればより改善されるようになるだろう。現在の法律があっても社会の道徳心が悪化していく中、法律まで取り払われたらどうなってしまうのだろうか。

人はイスラム教徒である限り、生活のすべてに亘った規範の中に生きているのである。イスラムは毎日の儀式をこなせば終わりと言うものではなく、一般的な道徳やイスラムの倫理観をはじめ生活すべてのものを

包括したものなのである。
　捨て子の問題を真剣に考えれば、これはアッラーが彼の宗教に反する人々に対して送ったメッセージだとわかるだろう。マレーシアを襲う災難は、偏見を持たず十分な理解を持って見なければいけない。このメッセージをしっかりと受け止め、宗教の教えに反していくおかしな若者によって国が崩壊する前に素早く対処していくべきだろう。
　道徳の監視を緩めることによって、毎日多くの社会問題が起きるようになってしまったことは証明されただろう。無垢な赤ん坊が殺され、焼かれ、犬が死体を咥えていく時に、人権擁護派の人々は何を言うのだろうか？広がる社会問題に迅速に対処するための解決策を論じるべきだろうが、これまでそのような解決策が提示されていないことも事実だろう。
　実際のところ、解決策は前から見つかっているのだが、意図的に無視をされてきたのである。ここでイスラムにその解決策を求めてみよう。家庭における非公式な道徳教育や学校における正式な道徳教育以外にも、これらの社会悪と戦うためには道徳を改善して監視を強める必要がある。目的は高い質で国の発展に寄与しうる人々、すなわちクルアーンとスンナに基づいて生きる決意を持った人々を次の世代に作り出すことである。
　視点を変えてみると、イスラムこそが答えであると多くの場面で証明してきたにも関わらず、いまだにイスラムに頼ろうとしない人が多いということには驚かざるを得ない。イスラムによるアプローチは、悪化しつつある社会問題を解決する最善の方法である。
　我々はまだ時間と力があるうちに、イスラムの教義を持って社会的危機を解決するために迅速に行動を起こす必要がある。手遅れになってしまえば解決策を探すことも無意味である。現在この問題に人々の注目が集まっている中、競争力を持った世代を世界中で育てていくためには短期的な解決策ではなく、根本的な解決策を模索していかなければいけないだろう。

15 憲法におけるイスラム開発局（JAKIM）の位置づけ

　近年、イスラム開発局（JAKIM）を廃止するべきだという提案がムスリムの間から出てきて、議論になっている。彼らの主張では宗教は個人の問題であるため、発展途上国においてJAKIMは必要ないという。さらにはJAKIMを設立した根拠というものが不明瞭であり、憲法違反でもあるというのである。
　JAKIMの設立が連邦憲法に反しているという主張は本当なのだろうか。実際には彼らの主張は事実や歴史との整合性が取れていない。
　1968年にマレーのスルタンが集まった会議において、世界の注目が集まるイスラム国家としてのマレーシアの地位に見合うよう、マレーシアのムスリムの発展と進歩を目指すための組織が必要であると決定された。
　この事実を基にして、イスラムの純粋な信仰と教義を守るために、イスラム宗教問題国家委員会事務局が設置された。事務局はのちに首相省の宗教部となり、さらにイスラム問題局（BAHEIS）へと格上げされた。
　1997年1月1日、マレーシアにおけるイスラムの堅調な発展と進歩に合わせて、政府はBAHEISの業務を引き継ぐ形でJAKIMを設立したのである。
　JAKIMの業務については、首相省がイスラム問題とウンマ（共同体）の発展を管理する上で中心的な役割を持ち、以下の機能を果たしている。

 i．マレーシアにおけるイスラムの発展と進歩について計画および決定の立案者として責任を持つ
 ii　マレーシアのイスラム教の発展、信仰および教義の神聖性を守るための政策を策定する
 iii．ムスリムの問題を解決するために必要な現行法制の執行と管理に求められる評価と調整をするため、法律と規制の策定と標準化を支援する
 iv．マレーシアでのイスラム教の発展を促し、国の運営にイスラムを受け入れる

v．マレーシアのイスラムに関わる問題について、法の執行や運営について合理化に努める
　vi．マレーシアで実施されるイスラム関連プログラムを評価する
　vii．イスラム問題の情報を集め、広宣する中心的役割を果たす
　viii．国内外の協力を通じてイスラム社会の発展に努める

　このように、JAKIM はマレーシアのイスラム機関を手助けし調整するという役割を果たしているため、その設立が連邦憲法に反しているということはない。実際には JAKIM は調整役に過ぎず、州や組織に対してその提案を法的に強制することができないため、JAKIM を牙のないトラと揶揄する人も一部にはいる。このような渾名が付けられているとは言え、JAKIM は連邦憲法に書かれた管轄を守りながら適切な役割を果たし続けている。JAKIM は特に重要な研究を州宗教機関に伝達することにおいてとても重要な機能を請け負っているのである。

　州の権限を侵害すること無く、各州で生じる差をなくして均一化することができたのは、JAKIM が法律をはじめとする各分野で調整役を果たしたからである。

　しかし JAKIM の地位が最近変更されたとは言え、もう一度その意義を検討する時期が来ているのだろう。JAKIM を再編成してスルタン評議会の直接の管轄に組み込み、政府がその費用を負担するのが適切である。これによって JAKIM は関連機関の影響を受けること無くイスラム関連の対応を効率的に遂行できることになる。

　連邦憲法 12(2) 条には政府がイスラム機関を設立もしくは支援し、そのために必要な全ての費用を含めて援助することは合法であると記されており、連邦政府は JAKIM に対する資金提供を行う必要がある。

　連邦憲法 11(3) 条は全ての宗教団体に対して自身の宗教問題を管理し、宗教や慈善目的で宗教機関を設立・運営し、法律に則って自身の財産を所有し管理する権利を明確に認めている。これに従って考えれば JAKIM は第 11(3) 条において与えられた権利を満たしており、その存立に疑問を挟む余地はない。なぜなら、厚生省、情報省など他のイスラム問題を扱う省庁には非ムスリムの職員もいるからである。もし仮にムスリム問題が JAKIM の中だけに収まっているのであれば、第 11(3) 条は必要ない。以前、ムスリムの道徳についてはこの条項を憲法から除外しようとする試みがあったが、マレーシアにおける最高の司法判断を下す連邦裁判所はムスリムの道徳の監視は連邦憲法における範疇にあるという

判断を下した。道徳監視の法律はJAKIMではなく州議会によって認可され、各州のスルタンが承認したものであることを認識するべきである。

また、いくつかの団体からはJAKIMに替わってイスラム問題を国レベルで対処する省庁と大臣を置くべきだ、という提案もされた。しかしイスラム問題の省庁を設置するということは、スルタンの同意を得るべきとした連邦憲法の枠組と一貫性を欠いてしまうことになる。イスラムという宗教の問題は連邦政府ではなく州政府の管轄であり、連邦管轄領以外でイスラム教の問題を統括する省庁を連邦政府が設置することはできない。

また、この提案を受け入れればイスラム教が政治的影響を受けるようになるというマイナスの影響も考えられる。イスラムの問題は国王陛下の指導の下でスルタン評議会を通じて決定される事項となっている。これによりイスラム関連機関は政治的影響を受けずに活動できるのである。

政治が宗教問題に干渉することを避けるためには、イスラム機関をスルタン評議会の直接の管轄に組み入れるときが来たと言えるだろう。セランゴール州イスラム省がプタリン・ジャヤで行った捜査は、このような政治的干渉が実際に引き起こした例としてあげられる。他にも、幾つかの州で出されたファトワ（宗教令）の発令においても同様の政治的干渉が行われている。

イスラムを政治的束縛から解放して高い位置に据える時期が来たといえる。また、イスラムが生活の一部だけではなく包括的な生活全体において実践されるべきだろう。イスラムに政治的色をつけようとする試みを排除し、イスラムを掲げるという役割をスルタンが本来発揮するべきだったのである。

16 法律専門家

　一般の法廷かシャリア法廷かどうかにかかわらず、裁判の運営において弁護士が果たす役割は重要であることはよく知られている。法廷が審理中の案件において公正な判断を下せるよう、弁護士が果たしている貢献は大きい。弁護士は係争中の関係者に代わり必要な証拠を提示するという点で、スポークスパーソンとしての役割も果たしている。
　弁護士になるためには、法律家という仕事に関心や真剣な気持ちを持つことはもちろん、愛情や好意も必要なのだ。助けを求める人に手を差し伸べるには、金銭的見返りを最終的な報酬や目的にするのではなく、むしろ誠実さ、忍耐、知識欲、時間の余裕、エネルギー、専門知識などを追求していくことの方が大事なのだ。弁護士は起訴された人のために手助けすることが優先されることを理解するべきだろう。もし弁護士が自分の能力を試されるような難しい案件を受けたのであれば、その分野に精通するためのチャンスを得たことをモチベーションとするべきだろう。
　長年の経験を持つベテラン弁護士によると、シャリア法廷や民事法廷の弁護士が成功するためには、みな高潔でなければいけないと言う。
　第一に、弁護士は与えられた業務の遂行にあたって前向きな姿勢を持つことが求められる。クライアントに対しては正直さを保ち、クライアントからの信頼を得て、勤勉であることが求められているため、弁護士は最大限の誠実さを持って仕事に臨み、一方で弁護士としてのプロ意識を保たなければいけない。弁護士が公正であり続けるにはクライアント、他の弁護士、法廷全てに対して敬意を保ち、自信をもって振る舞う必要がある。訴訟の場において相手に対しても敬意を示すということは言うまでもないだろう。
　第二に、弁護士は業務の遂行において配慮と忍耐が必要である。訴訟相手やその弁護士であっても、全ての関係者に常に敬意を持ち公平に扱い、いかなる訴訟においても不正や偏見を持たないことが求められる。つまり、弁護士はクライアントの代理として訴訟を行うが、訴訟相手の弁護士を朋友として遇し、訴訟事件やクライアントに対してきちんと対応できなければいけないことを意味する。訴訟においては勝利を究極の

目的とするのではない。良い弁護士かどうかというのはいくつの訴訟で勝利したかではなく、全ての関係者に対して適切に正義を執行することができたかで判断されるべきだろう。

第三に、良い弁護士のもう一つの条件は知識欲を持ち、学ぶ姿勢を常に忘れないことである。弁護士はまだ理解できないことを学ぶために、法律セミナーへの参加、読書、経験のある弁護士への相談など、さまざまな方法で知識を積み重ねるよう努力する必要がある。協力することによって未知の複雑な問題に対しても理解が進み解決できるようになるので、経験の多い弁護士は次世代の若い弁護士に対してオープンに指導していくべきである。弁護士の年功序列は重要なものだが、それが全てと考えてはいけない。

第四に、職務に忠実な弁護士は最善のアプローチを採用し、法廷だけでなく同業者や全ての知人に対する敬意を持ち配慮をするべきである。このように敬意を払うことが、ミーティングや約束事にきちんと出席し、スケジュールを守り、与えられた仕事に対して全力で取り組むことにつながるのである。

第五に、弁護士はクライアントのために献身的な姿勢で熱意を持って職務を遂行し、与えられた信頼を守っていくことが求められる。同時に、クライアントに対する献身と忠誠心によって間違った行動に流されるべきではなく、訴訟相手に対して非礼、無礼、非情な態度を取ることは避けるべきである。弁護士はすべからく思いやりを持ち、遵法意識へのお手本となり、シャリア法体制を支えていく必要がある。

第六に、弁護士は時間、エネルギー、専門知識を捧げて、目の前にある訴訟案件に関わる事実を理解し、法規定に精通するよう努めるべきである。事実と法律に精通すれば、職務を完遂しクライアントに有利になるような、適切で重大な証拠を見つけることができるようになるだろう。法律の専門知識は個人が独占するものではなく、他者と共有するものなのである。

第七に、純粋な心と誠実さをもって職務に当たることが弁護士にとって重要である。弁護士は法的な問題だけに囚われるのではなく、人々の幸福を追求し、法律、教育、社会サービス、福祉などの問題の取り組みに参加するべきである。

また、将来の優秀な弁護士を確保して次世代の人々の権利も保証されるようにするためには、職務を引き継いでくれるような弁護士を育てることも非常に重要である。司法制度において、訴訟相手やその弁護士、

または集団と対するときは、弁護士はまず司法制度が正しく、そして円滑に機能するよう努力しなければならない。

弁護士はクライアントに対してマイナスの影響があるような行為、法廷や司法制度のイメージを汚すような行為、民事やシャリアの司法制度に対する国民の信頼を損なう行為を避けなければいけない。

法律の定めに従って真実を求め、紛争を友好的に治め、公平に正義を求めて戦うことこそが目的である。裁判による決着を選ぶ前に、クライアントに対しては代替となる選択肢を提案し、調停などで紛争や問題を解決する方法を探るべきである。

シャリア弁護士はイスラム法に制約されるため、通常の弁護士以上の規範に従うことが求められる。シャリア弁護士に求められる最高の規範はアッラーへの説明責任である。

アブ・ダウドが言う「裁判官には三種類の人間があり、一人は天国へ行くが、残りの二人は地獄へ落ちる」という意味のハディース（言行録）があるが、これは誠実さという考えを強調するものである。このハディースは裁判官のみに向けられたものではない。ここで地獄に落ちると言われている裁判官は、彼の前で誤った主張をした弁護士も必ず地獄に引きずり落としていくので、弁護士にも当てはまる考えであると言える。

このように、弁護士は悪ではなく真実の支持者となるべきである。なぜなら、弁護士は正当な権利者に権利を認めて正義を執行するという法廷の機能を補助する上で、非常に重要な役割を果たしているからである。シャリア専門の人間を始めとして法律専門家は、高い尊敬を集め多くの課題に取り組んでいる。ムスリムの弁護士は法廷で高い専門性を発揮することが求められるだけでなく、特にマレーシアにおいてはイスラム法を推進する闘士としての役割も求められているのである。

マレーシア半島における法律専門家の総数のうち、ムスリムの弁護士が半数近くを占めるようになってきているが、彼らが与える影響は比較的小さいままに留まっている。シャリア法廷や一般の法廷で活躍するムスリム弁護士は、イスラムの地位を保つために、あらゆる機関ともっと協力してパラダイムの変化を引き起こすべきだっただろう。

17 調停による紛争解決

　一般の法廷やシャリア法廷における解決の遅れは、しばしば法的な主張の遅滞により訴訟が遅滞することで引き起こされる。訴訟よりも早く障害が少ない解決策があるのであれば、その代替策を選ぶ人も多いだろう。調停は紛争を迅速に解決するために有効な一つの選択肢である。

　マレーシアでは調停を円滑に進めるための法律として調停法2012が整備されており、認められる調停方法を詳細に記している。確かにこの法案はすでに成立しているのだが、マレーシアにおける調停プロセス改善に努める機関はまだ設置されていない状態である。

　イスラム法の原則に従った調停プロセスというとスルフまたは ウィサトー（契約による平和）が挙げられるが、これは自発的かつ相互理解の上で紛争を終わらせるための契約方法として知られており、以下のような意味のアッラーの言葉に従ったものである

「もしも信者が２つに分れて争えば、両者の間を調停しなさい」
(部屋章　49:9)

　また別の一節では夫が妻に厳しく当たり、不和が生じた夫婦の婚姻関係について書かれており、アッラーは紛争を終えるために協議をすることが一つの方法であるとも言っている。

「もし女が、その夫から虐待され、忌避される心配があるとき、両人の間を、和解させるのは罪ではない。和解は最もよいことである。だが人間の魂は、貪欲になりがちである。もしあなたがたが善行をし、主を畏れるならば、誠にアッラーは、あなたがたの行うことを熟知なされる」
(婦人章　4:128)

　スルフを奨励する文章は預言者の言葉にも見られる。スルフは問題に直面した全ての人が利用するべきものだが、いくつか制限があることも念頭に置く必要がある。アッラーの定めた法律を破ることについては、

預言者が以下のように言っている。

「合法なものを禁止したり、逆に禁止されたものを合法にしていない限りは、ムスリムにとってはスルフによる解決が正しい」

（タルミジによる言行録）

　理論面での説明をすると、調停とは中立的な第三者である調停者の手を借りて紛争を解決する、非公開で安全、非公式で自発的な交渉プロセスのことを指す。

　調停手続きは人間関係や家族の問題などを始めとして、さまざまな状況に適用することができる。家族問題における調停プロセスを管轄するイスラム調停センター（PMI）という名称の認定機関を作り、現行のシャリア司法制度で実際に行われているスルフのプロセスを支援することが必要だろう。このような機関を設立する取り組みはマレーシア・ムスリム弁護士協会など幾つかの団体が牽引している。

　この機関が作られれば、紛争を調停プロセスで解決したいと考える人に一つの選択肢が提供されることになる。生活費関連の訴訟、共同購入資産、親権、およびその優先順位などの係争案件を解決することにつながるだろう。

　調停プロセスを利用することにより、良識と寛容な心を持ってあらゆる問題に対処し、すべての関係者が協力して非公開で解決に取り組むことができるので、係争中の当事者はお互いに良い関係を維持することが可能になる。この機関が作られれば、民事法廷やシャリア法廷に持ち込まれる多くの紛争案件をこちらに委託して解決できるようになるだろう。

　イスラム調停センターが実際に作られれば、シャリア法廷におけるスルフ以外で初めてイスラム方式による調停プロセスの助言サービスと専門知識を提供する機関になる。イスラム方式の調停プロセスを用いた助言サービスだけでなく、調停に必要な研修や専門認証評価なども行えるだろう。講座、プログラム、研修、専門認証評価などの参加者は交渉と調停のスキルを身につけ、優秀な調停者になることができる。紛争により生じた人間関係やコミュニケーションの断絶など、情報をどのように効果的に伝達するのかきちんと理解することが、仲介者には求められているのである。

　広い観点に立ってみると、PMIのような機関が作られればマレーシア

という国の権威も上がるだろう。マレーシアは世界的にもイスラムの価値観である節度を実践する国として知られている。調停を専門に扱う機関ができれば、ムスリムをはじめとする海外の人々が助言サービスや専門知識を求めてやってくることになるだろう。

　PMIのような機関ができれば、イスラム法に関する問題についての標準規格を打ち出す組織の一つとなり、ムスリムが少数しかいない国でも、彼らにとっての問題を解決する調停者としての役割を果たすことが可能性として考えられる。

　PMIの設立によって、法廷に依存しない紛争解決の方法を提示するだけでなく、法廷訴訟の解決までにかかる時間をスピードアップするためのベンチマークとなるだろう。PMIは紛争解決についても、イスラムの教えに矛盾しない調停が世界中で行われることを目指す。マレーシアにおける設立が望まれる。

18 家族問題の報道制限

　家族問題から生じる紛争は、双方がそれぞれの主張の正しさを証明しようと努めることで真実から逸脱し、関係者の醜い部分が法廷で明らかになってしまうことがある。相手方のマイナスの側面を全て明らかにすることにより、自分が有利になる判決を裁判官から引き出そうとするのである。

　我々が見たところ、相手方を困惑させるという目的で法廷において嘘をつくというケースはかなり多い。一部には、裁判官の同情を引いて自分に有利な判決をもらうために話をでっち上げるという人もいる。

　家庭争議の友好的な解決を法廷に出しても失敗に終わる理由として、報復があげられることが多い。自らの満足感を得るためだけに、相手方が悩み苦しむよう全力を尽くすのである。

　子どもの親権を争う裁判において、子供が裁判官の前でどちらを親に選ぶか決断を迫られた際に、子供に相手を悪く思わせようとしてわざと相手を怒らせようとすることがある。実に悲しいことである。

　実際のところ、法廷で誰が勝利するにせよ、離婚で失うものが一番多いのは子どもであるという事実を全員がしっかり噛みしめるべきだろう。裁判で片方の親を失う罪のない子どもは、両親が仲良く結婚生活を送っている他の子と同じような家族生活を望むことができなくなってしまうのである。

　母親が親権を取り父親が週末に面会権を保つ場合、または逆の場合であっても、同じ屋根の下で両親から愛と思いやりをもって育てられる子どもとは同じにはならないのだ。

　また、破綻した結婚生活から生まれた子どもは両親の離婚がトラウマとなり、学校からしばしばドロップアウトするという研究もある。子どもにとってはどちらの親の愛も必要であり、離婚という事実を受け止めるのが困難であるが、父親と母親が離婚すれば確実にどちらかの愛を失うことになるのだ。

　最近では有名人や著名人の離婚を目にすることも多い。メディアはここぞとばかりに離婚の記事を掲載するが、その様子は時として常軌を逸していることがある。彼らの目的は問題をセンセーショナルに取り上げ

ることによって消費者の購買意欲を刺激しようとしているのだろうが、記事によって確実に影響を受けてしまう子どもがいるかもしれないという問題は忘れられがちである。メディアは罪のない子どもの感情を考慮すべきだろう。

ムスリムが婚姻関係を解消する場合は全てシャリア法廷で執り行われるのに対して、非ムスリムは民事高裁で裁判をする。訴訟手続きの報告書公表については、司法手続き（報告規則）法1962（112法令）という法律があり、1965年9月30日にマレーシア半島で施行された。これは報告書の公表を制限することによって公衆道徳に対する損害を防ぐために作られた法令である。

この法令が意図している目的は、特に婚姻関係の解消、裁判による別居、家庭内問題に関して新聞、雑誌などが下品で不愉快な問題、医療や生理的な情報を報道・公開して公衆道徳を害することを防ぐことである。

しかし関係者や証人の氏名、住所、職業、申請の理由、告訴や弁護、逆告訴の簡潔な理由について、および法的な合意や法廷による決定などについては報道を認めるという例外が設けられている。上記に違反した人物は有罪と認められれば、4ヶ月以下の懲役もしくは1,000リンギット以下の罰金が課される。

この法律は昔から有り、民事高裁における婚姻関係の解消や家庭内問題に関する審理の報道や公開を制限することに役立ってきた。

しかしこの法律はシャリア法廷にも適用されるわけではないため、離婚問題の報道を新聞で毎日目にするようになっている。メディアはシャリア法廷における質疑応答を一語一句違わず詳細に書き起こして報道したことさえある。

離婚の原因は熱い議論の的となり、社会全体が方向性を失い時間を無駄にするに至っており、有益であるとはいえない。有名人や富裕層、VIPは偶像となっているため、彼らの離婚はムスリムの人々の考え方に少なからず影響を与えるようになっている。

このような状況により、結婚は神聖であるという人々の考え方にも変化が及ぶことがある。離婚は避けるべきものではなく、ムスリムにとっても通常のことだと考えるようになるだろう。離婚はアッラーが認めながらも最も憎んだ出来事ではなく、社会でよく起きることだと見られるようになるのだ。

子どもたちの権利と幸せを第一に守るためには、シャリア法廷の審理においても司法手続き（報告規則）法1962（112法令）を取り入れる時

期がきている。

　マスラハ（守るべき公共の利益）と利点があるので、シャリア法廷でこの法令を採用してもイスラム法に矛盾するわけではない。採用されれば婚姻上の衝突や恥ずかしい離婚などの報道でムスリムが笑われるということがなくなるだろう。

　家族関連の裁判では多くの場合、友好的な調停や交渉による解決が非常に重要であり、全ての問題で友好的解決やスルフ（契約による平和）を勧めているイスラムの教えにも従うものである。スルフによる解決は、西欧諸国において調停と呼ばれるプロセスに類似したものである。

　優秀で専門知識や資格を持つコンサルタントやスルフ担当官は、係争中の当事者に対して紛争解決のため、効率よく組織だった議論ができるよう手助けするものである。しかしメディア報道は時として、調停の運営を苛立たせる結果となっている。法令を適用することにより、ムスリムが悪い面を露呈させることを防ぎ、透明度を保ちながら議論や友好的解決がうまく進むことを望めるようになるだろう。

19 オーストラリアにおける家庭問題報道

　家庭内問題が法廷に持ち込まれるのを好む人は多く、マレーシアにおいてもメディアでしばしば報道される。離婚、重婚、親権、共有財産の所有権、離婚後の子どもの養育費、女性による離婚申請、婚姻関係の解消などがその対象である。歌手、俳優、政治家などが関与していれば、注目度はさらに上がる。

　学術的な面で言うと、法廷で扱われた訴訟は裁判官や弁護士だけでなく、興味を持つ誰もが参照できるよう法律専門誌に掲載される。ここには非常に詳細な情報が含まれ、関係者のフルネーム、IDナンバー、住所、子どもの名前や年齢、通っている学校、証拠、弁護士の論述、判決の根拠など全ての事実が報道される。訴訟を掲載している例として、マラヤン・ロー・ジャーナル、シャリア・ロー・レポート、ジャーナル・フクムなどの有名なジャーナルがあげられるだろう。

　同時に、これらの訴訟は活字媒体、インターネットなどのメディアで頻繁に報道されるが、中でもムスリムが関与したシャリア法廷の訴訟は注目を集める。このようなメディアによる報道は学術目的ではないのにもかかわらず、両者の名前や住所、職場などの詳細情報を報道している。

　子どもが関与している場合でも、報道では子どものフルネーム、年齢、通っている学校まで明らかにされてしまい、時には子どもの写真が新聞に載ってしまう。著名な家族、政治家、俳優だったり、衆目を集める事件であれば、より詳細なナレーションで語られることになる。有名人が関わる訴訟がシャリア法廷に持ち込まれると、レポーターが写真を撮るために群がり、シャリア弁護士や関係者、子どもにさまざまな質問をぶつけるというのは驚くべきことではないだろう。

　スウェーデンで4人の子どもの虐待容疑で訴えられたマレーシア人カップルの事件が、マレーシア中の注目を集めたことも例としてあげられるだろう。家族間での対立問題ではなく、裁判はマレーシアで開かれたわけではないが、マレーシアのメディアでは毎日大々的に報じていた。

　裁判の様子は逐一追いかけられ、子どもの反応や写真、学校まで報じられていた。このような報道は子どもを不安にさせ、注目の的になるこ

とで嘲笑の対象とされてしまうことになり、憂慮すべきことである。報道される事件の関係者である子どもの幸福について、マレーシアがどうアプローチするべきなのか、難しい課題を提示している。

2010年3月には、子どもが関わる訴訟があり、オーストラリアの家庭裁判所で結審され、新聞やテレビの大見出しとなり報道された。6歳の子どもが夫の再婚後の妻を「マミー（お母さん）」と呼ばせることを夫に禁止するよう、裁判所から命令を出すことを子どもの実の母親が要求したというものである。

これは、お母さんの呼称が使われれば実の母親に対する愛情が影響を受ける、と母親側が主張したという点で、興味深い訴訟であった。多くの注目を集めテレビやメディアで報じられ議論されたが、両親や子どもの氏名は報道で公表されることはなかった。

オーストラリアの法律では、メディアや法律専門誌で関係者の名前を詳細に報じることが、明確に禁じられている。子どもが関与した刑事事件でも同様である。

オーストラリアで家庭紛争における報道については特別な条項が設けられている。家族法1975の121項は以下のように規定している。

「本訴訟に関与した人物、もしくは間接的に関与、またはそのように考えられる全ての人々、証人などについて、新聞や定期刊行物、ラジオ、テレビ、その他の電子媒体等を通じて一般大衆やその一部に対して、本訴訟に関する情報の弁明や一部を個人の特定をできるような形で広めたものは、1年以下の懲役に処する」

オーストラリアでは、特に子どもが関与している場合は家族訴訟の秘密保持を支持しており、氏名、役職、ペンネーム、自宅や勤務先の住所、職業、当該人物を特定するに十分とされる詳細情報を公衆に開示すれば罰せられることになる。

このため、法律専門誌による学術的な報告書では、フルネームでの報告はされず、名字や名前とケースナンバーを利用してウィスラー対ウィスラー (2010 42 Fam L.R. 633)、スミス対スミス、アレン対グリーンと言った形で記載される。これは報告される訴訟における両者、とくに関与した子どもの名誉を保つために非常に重要なアプローチである。子どもの名前は例えば第一子L（6歳）、第二子M（2歳）など、イニシャル表記のみが認められている。

ニュージーランドの法律では、子ども、両親、保護者、証人など訴訟に関わった関係者全てについて、読者が個人を特定できるような情報の

公開がメディアに対して禁じられており、法廷の許可がおりた場合のみ例外が認められる。家族の法律問題について秘匿性を維持するため、オーストラリアと同様に法律専門誌であってもフルネームの報道は禁じられている。

　このような他国の慣行は、特に子どもを始めとする家族全員の生活を守るため、マレーシアでも採用されるべきだろう。これまで慣習的に行われてきた訴訟報道により近年あまりにも多くの問題が起きており、法律を整備する時期が来ているのではないだろうか。

　マレーシアでも先進国のやり方を踏襲し、シャリア法廷の家族間訴訟では、法律専門誌か他の出版物であるかに関わらず、公開は原告と被告のファーストネームのみに限定するべきである。

20 安全に対する配慮

　新聞では犯罪のニュースが増え続けており、人々の生活、財産、尊厳に影響を与えるような犯罪が広がってきた。このような状況はマレーシア人の生活に対して悪影響を及ぼしてきている。
　例えば以前、マレーシアは異なる民族が調和して生活してきた国として知られてきたが、安全面に対する懸念が広まるようになった結果、守衛やゲート付き居住区域の需要が高まっている。守衛やゲートが無いような場所においても、他地域と隔離するためのフェンスを建設するようになってきている。
　このような変化が起こることによって、独自の社会階級が作られてしまい、近隣住民の間でのコミュニケーションが成り立たなくなる恐れが出てくる。ソーシャル・ネットワークの魅力や最新通信機器の誘惑が大きくなるにつれ、近隣住民の間のつながりだけでなく、同じ家族の中での交流にも甚大な影響を与えている。
　しかし家族の安全が第一で、それをどうするかは家族が決めることだから、家族が選んだライフスタイルを社会のせいにするのは間違っているだろう。
　犯罪率の増加につながった要因は数多く挙げられるが、法律の犯罪抑止効果が減少したのが主な原因として挙げられるだろう。法の強制力が弱くなったため、殺人、強盗、強姦などは恐ろしい行為だと考えられなくなったのである。
　現状のまま改善されなければ、法律違反が普通に行われるようになることも考えられる。事実、現時点で法律は予防的な機能を果たせていない。犯罪者はたとえ逮捕され法廷で訴追を受けても、検事が犯行を疑いの余地なく完全に立証しなければ罪に問われないことを知っているのだ。
　特に弁護を担当する弁護士が複雑な刑法に精通していた場合には、検事が犯行を法的に立証できないことも多い。
　こうなると、実際に犯行をしていたとしても、技術的な問題などで被告は法廷により無罪と認められることもあり得るのである。
　以前は犯罪の実行についてすでに捜査が行われ、起訴される可能性が

ある場合は、その関係者を拘束する権限が与えられていた。しかし現在では当局による権力の濫用や透明性の欠如を防ぐために、そのような権限が廃止されている。

　こういった法律は廃止するのではなく、改善すればよいのであって、より透明で公正であれば良いのではないか。この法律を廃止したことによって、銃による殺人などのニュースが新聞に出ても珍しいことではない状況になってしまうなどの影響が出てきている。

　人を犯罪から遠ざけるためには、法に対する恐れが必要であり、これがなくなると人々は現行の法律に敬意を払わなくなる。こうした恐れを作り出すには、予防的措置が必要である。とは言えこれが濫用されて、当局の権威を傷つけ、貶めるようなことになってはならないだろう。

　イスラムでは実際に、（法律が）恐怖の念を作り出すことが支持されている。イスラムでは、犯罪はフドゥード、キサース、タクジールの三つに分類されている。フドゥード刑はクルアーンとハディースに処罰が明示されている犯罪に対する刑罰である。

　フドゥード刑を見てみれば、石投げ、手の切り落とし、鞭打ちなど、恐ろしい刑罰であることがわかるが、このような処罰に対する恐怖が犯罪率を下げることに寄与してきたのである。

　いずれにしても、このような恐ろしい処罰は（シャリア法廷の）裁判官が自身の裁量で勝手に下せるものではない。シャリア法廷は、一般の裁判所よりも証拠（立証責任）に対して高い重要性を置いている。もし一般の裁判において求められる立証責任が合理的な説明なのだとしたら、フドゥード犯罪において立証責任は合理性だけでなく、あらゆる観点から考えて疑問の余地がないようにしなければいけない。

　仮に検察がフドゥードによって犯罪を立証できなかったとしても、違反者は完全に無罪になるのではなく、立証責任の重要性が低いタクジール犯罪をもって処罰されるという点は興味深いことだろう。この場合、フドゥードよりも処罰が軽くはなるが、違反者が無罪放免となるわけではないのである。

　同時にイスラム刑法では被害者と家族の生活や利益についても、配慮がされている。例え犯人が死刑になったとしても、被害者や家族の苦しみが消えるものではなく、刑が執行されても殺害された被害者は生き返らず、受けた傷が治るということは無い。

　このような場合、イスラムのディヤートという考えでは、被害者やその家族に対して小さな償いをするという意味で、愛する人を失った家族

や怪我で通常の仕事をできなくなった被害者に対し支援をすることになっている。

　予防的な法律の問題に議論を戻して、犯罪率の増加を抑制するためには法律に対する恐れという要素を作り出すべきだと提案したい。合わせて、被告人の権利を守ると同時に、被害者やその家族の利益を優先するためには、権力が行う行為はより透明で公平なものでなければならない。

　マレーシアが犯罪を克服するためには、イスラムが提唱するモデルとアプローチを研究し、焦点を当てていかなければならないだろう。蔓延する犯罪に対応するためには、シャリアをその概念、哲学、法律という観点から主流派の考え方に組み込むことが大事である。そうすることでマレーシア市民が平和で調和のある生活を生きることを希望したい。

第3部

シャリアと社会

21 イスラム国家における非ムスリムの権利

　イスラムはムスリムを優遇し非ムスリムを迫害する宗教として描かれるのが普通であり、寛容さがない自分勝手な人々としてムスリムは非難を受けがちである。しかしムスリムは信仰とイデオロギー（宗教観念）を忠実に守る人々である。信仰やイデオロギー（宗教観念）からは法律、ルール、文明、道徳などさまざまなものが派生して生まれてくる。しかしムスリムが、個人、地域、国際的といったそれぞれのレベルで生活全てを非ムスリムから切り離し断絶しているということではないのである。

　ムスリムは他のムスリムとだけでなく、非ムスリムとも関係を築いている。基本的には非ムスリムに対する寛容さ、公正さ、福祉、思いやりなどが原則として定められている。非ムスリムは原則的にムスリムと同じように扱うこととされているのだが、一部例外があり、それは宗教上の信仰に関する問題に限定されている。

　非ムスリムはイスラム教国家においても政府の保護を受ける権利が認められており、これには外敵からの侵略や国内の不公正からの保護などが含まれる。非ムスリムには平和で安定した生活を楽しむ権利があるということであり、これはムスリムと同じものである。彼らの血が一滴たりとも流れることがないよう、ムスリム指導者は保護をしなければいけない。イスラム教国に住むムスリムは、非ムスリムを傷つけ、その家族、財産、宗教に対し、力や言葉をもって侵害することが認められていない。またムスリムは非ムスリムの殺害を禁じられている。なぜなら、保護の対象となる基本的権利には血、魂、身体、財産、尊厳が含まれているからである。

　イスラムは非ムスリムに対しても宗教の信仰を保証している。非ムスリムはそれぞれの宗教に従って信仰、崇拝をする自由をもっており、イスラム信仰を強制されたり、抑圧されたりすることは認められていない。イスラムが広まったのは剣の力ではなく、その美しさと正義が非ムスリムをイスラムに惹きつけたからだということは、歴史が証明している。

　一部の学者は、宗教に関係しないのであれば非ムスリムがイスラム政

府の職に就くことも自由であると主張しており、例えば国務長官、軍隊のトップ、司法長官、その他の宗教関連機関を除いたポストであれば就くことができるのである。非ムスリムが政府のポストを得ることに対する制限は存在しないのである。

例えば国務長官のポストは、宗教観念上の（イデオロギーである）イスラム国家の管理を職務に含むため、ムスリム自身が職に就くべきだと一部の法律家は主張している。同様に、イスラムにおいて国家主権を守ることも宗教行為であるため、軍隊のトップも同様に考えられている。ジハード（イスラム共同体を守ること：訳者注）はイスラムにおいて全ての信仰の発露なのである。

このため、信仰の問題は非ムスリムに委ねるべきではないだろう。国家主権を守るためにムスリムと非ムスリムが協力して戦うことが禁じられているわけではないが、イスラム教国家の軍隊に加入することを非ムスリムに強制することは出来ない。

商取引について言えば、非ムスリムに対して労働、貿易、商売の権利を否定することはできない。取引は非ムスリムの間でも、ムスリムとでも可能であり、個人で行うこともできる。経済活動や商売に従事する機会を得るという点において、非ムスリムの立場はムスリムと何ら変わることが無いものである。

イスラムではムスリムと非ムスリムは競争することによって、お互いを高め合う必要があると考える。非ムスリムも富の追求において不公平な扱いを受けることがなく、すべての市民が公正な環境において競争する機会を与えられるものである。

イスラムは非ムスリムに対しても基本的権利を明確に賦与しており、この自由はムスリムの支配者によって保証されている。ムスリムが非ムスリムの権利を侵害、もしくはそれをほのめかすことがあれば、犯罪になる。この点を考えれば世界の他の宗教と比べても、イスラムは非ムスリムの権利を保護しているといえるだろう。

非ムスリムの権利をはじめとして、イスラムの教義やその法律を実践することはムスリム全体の責任である。ムスリムの側に怠慢や不正があり、それが限界を超えるようであれば、ムスリム社会が善を奨励し悪を防ぐことで、正しい教義で認められた権利を回復することが求められるだろう。

もし抑圧や侵害を受けている人がいれば、たとえそれが非ムスリムであっても宗教に関係なく、イスラムは常に被害者の味方である。もしイ

スラム教の支配者が独裁を敷き、非ムスリムに対し非情な態度を取った場合には、その支配者に対する反抗さえ起こりうる。

　非ムスリムの権利を守ることはムスリムにとっての義務であり、全てのムスリムが従う必要がある。この権利を認めることは義務であり、否定することは禁じられているのだ。

　イスラム教国家において、非ムスリムは多くの権利を有している。そしてその権利が与えられているということは、つまり非ムスリムに対してもイスラム教国家を分断しイスラム教の国家イデオロギーを破壊しないという責任が求められているということでもある。ムスリムも非ムスリムも協力して、国の発展に尽力するべきなのである。

22 「アッラー」の使用をめぐる論争

　イスラム教徒以外の信者による「アッラー」と言う言葉の使用・誤用については、連邦裁判所がクアラルンプール・ローマカソリック大司教対内務大臣係争の裁判において判決を下したにもかかわらず、その論争が続いている。

　不寛容なムスリムの中には、そのような格調のある言葉を非ムスリムが発するべきではないと皮肉を込めて言う者もいる。しかし彼らは問題の核心を理解できていないのだろう。実際に我々が禁止しなければいけないのは非ムスリムが「アッラー」を口にすることではなく、非ムスリムが彼らの神をアッラーと呼ぶことである。

　また、州歌の中でアッラーと出てくることに言及し、歌詞を変更するべきだと主張する人々もいる。これも誤解を生む意見だろう。州歌の中で出てくる「アッラー」とは実際のところ、全能の神アッラーのことであり、非ムスリムが（ムスリムの神をアッラーと）歌っても何も問題はない。

　イスラムは連邦憲法第3(1)条に従って連邦の宗教となっていると同時に、すべての州でも公式の宗教として認められている。問題とすべきなのは、非ムスリムが「アッラー」と言うことではなく、非ムスリムの宗教の神について話す時に「アッラー」と言う言葉を使うという点である。

　アッラーの名前が書かれたクルアーンを非ムスリムが読んで勉強することを禁止するのではなく、アッラーの名前を正しい意味で使うことを強調するべきである。

　歌を口にしたからと言って、非ムスリムがイスラムの信仰を強要されるという意味合いは全く無い。これはそもそも問題として取り上げられるべきですらなかったのだが、一部政党の手によって論争の的となったものである。

　この問題に言及している人も一部にはいるが、例えば全マレーシア・イスラム党（PAS）諮問評議会は「アッラー」は特別な単語であるため、既に存在する別の言葉で意味を伝えることはできず、この世にあるいかなる言語にも翻訳できないと満場一致で決定した。このため、イスラム

以外の宗教の「神」という単語を「アッラー」と翻訳することは、意味や使用法からも間違っており、本来の意味とは異なり混乱を起こすことになるのである。

この機関の意見はセランゴール州スルタンの意見と歩調を合わせたものである。同様に、ムスリム弁護士協会を始めとする団体が参加する非政府系のイスラム機関プンベラの立場と同様である。

非ムスリムがイスラム教以外の文脈で「アッラー」やその他の言葉を使うことを禁じている法律が存在しているにも関わらず、ほとんど法の執行が行われていないのは非常に残念なことである。

どの政党もこの問題を政争の具にしないことを願う。重要なのは、この問題に適切な対応が取られるよう取り組んでいくことであるが、現時点では法律が適切に執行されたと判明しているのはパハン州における一件のみである

またマレーシア全州において、この問題を犯罪として規定している法律が定められているのは10州に留まっている。数年前、クランタン州の立法議会は法律を修正した結果、この犯罪に対して最も厳しい処罰を下すマレーシアの州となった。

この問題について多くの警察の報告が残されているが、実際の法律の執行状況は大したことがない。州の宗教機関は王立マレーシア警察（RMP）と協議をして、法律をどうやって施行するべきなのかについて統一見解を確立するべきである。宗教の信仰に関する法律は単なる文章ではなく、即時施行されなければいけない。

現時点でヘラルド誌が使用許可を求めたのは「アッラー」という単語のみである。しかしこの取組がここで終わるのかどうかは現時点ではわからない。非イスラム教の活動を示す言葉として、他にも「ソラット」、「カーバ」、「バイトゥッラー」といった単語の使用を求めるような動きが出てくるのだろうか。

この問題やその他の理解について混乱しているムスリムも多い。中東諸国ではキリスト教徒が教会で「アッラー」という言葉を使っているが、一部にはこの習慣を問題視する人々もいる。

また、ムスリムも非ムスリムも死んだときには同じ様に、「あなたが信じる神は誰か」という質問を受ける、という例について述べよう。クルアーンではこれに対して「アッラー」と答えるよう示している。

> あなたがたの主が、アーダムの子孫の腰からかれらの子孫を取り出され、かれらを自らの証人となされたときを思え。その時かれは仰せられた。「われは、あなたがたの主ではないか」かれらは申し上げた。「はい、わたしたちは証言いたします」
>
> （高壁章　7:172）

同じようにアッラーは以下のことも示している

> もしあなたがかれらに、「天地を創ったのは誰か」と問えば、かれらは必ず「アッラー」と言うであろう。
>
> （集団章　39:38）

　我々はこの問題を正しい角度から考えなければいけない。中東の社会環境はマレーシアとは違うし、マレーシアの状況もインドネシアとは異なる。中東では「アッラー」という単語は長い間使われてきており、非ムスリムによる使用を禁じる法律もない。連邦憲法の中でムスリムによる非イスラム教の布教が明確に規制されているマレーシアとは、大きく異なっている。

　死後の世界に関する議論も当時「アッラー」と答えていたのは、当時は皆ムスリムであったという文脈を理解しなければいけない。子どもたちが生まれた時点では皆自然の状態にあり、彼らをユダヤ教徒やキリスト教徒にしているのは親であると預言者が語ったハディースがあっただろう。この場合、非ムスリムが神をアッラーといったことについて問題は生じない。

　この件についてムスリムの総意を形成することが求められている。我々が今この問題を解決しなければ、混乱を生じさせたとして次世代の人々からの非難は免れないだろう。

　このような議論には惑わされないと思いあがっている人も出てくるだろうが、マレーシアに住む全てのムスリムが本来あるべき強い信仰を持ち続けることができると言い切れるだろうか？

23 マレーシアへの愛

　マレーシアにとって8月31日は特別な日である。外国勢力による長年の支配が終わりを告げ、マレーシアが独立を果たした重要な日だからだ。国民に主権が移ってから、マレーシアは大きな発展を経験した。ここで考えなければいけない問題は、我々はマレーシアを愛しているのか、そしてその愛をどうやって示すのかである。

　通常、純粋な心を持つ人であれば自分が生まれ育ち、今後も生きていく母国に対して愛情を抱くだろう。多くの人は出生地を離れたとしても、心の奥底では愛情を持ち、生まれたところに戻りたいと考えているものである。

　預言者はメッカを離れメディナに移り住んだが、彼が生まれた地に対する思いや愛を持ち、メッカに目を向けることが多かったと言う話を聞いたことがあるだろう。アッラーがお祈りの方角キブラをイスラエルからメッカのカーバ神殿に変更したことによって、メッカに対する思いと愛情は満たされる事になった。

　フダイビーヤの和議が結ばれると預言者に対してメッカ帰還を認める啓示がなされ、その後イスラム史に残る重要な影響を与えてきた。メッカへの愛情は預言者がメッカに戻り、解放宣言の発令を通じて偶像崇拝から街を解放する輝かしい一日へとつながった。

　国に対する愛情を理解するためには、我々が生まれ落ちた国は心のなかでもっとも重要な位置を占めているという純粋な視点から見なければいけない。これは「国に対する愛情は信仰の一部である」とした格言でも言われていることである。愛情が有れば、破壊につながる侵略から国を守りたいと考えるのは当然だろう。しかし母国への愛情が国に対する執着や狂信的な愛国心となってはいけない。

　国への愛情を示すためには、任された仕事を誠実に全うすることが重要だろう。では誠実とは何かというと、どのような任務であれ正直にこなし、高い道徳心を持って任された仕事の遂行にあたる人が持つ資質のことである。

　国が成功して文明化するためには、指導者や市民を含めた住民が高い道義的原則と誠実さを持って生活することが必要である。自分の国を愛

する誠実な人は、それが法に適う限りはどんなことでも正直に行うだろう。なぜなら小さな過ちも文明の存続に悪い影響を与える恐れがあるからだ。

　誠実な人間は仕事を命じられれば常に誠意と正直な心を持って仕事に臨み、成果を出すことに努めるため、その正直さによって周囲からの信頼が集まるのである。日々全力であたり、全てにおいて正しい行動を取る。贈収賄は自身だけではなく社会をも滅ぼすことになり、権力者が関われば国が滅びることになるため、誠実な人間であれば関わらない。

　誠実であり続けるためには、この世界における自身の立ち位置、役割、働く理由など、自分のことをよく理解することが必要である。アッラーはその従者として代理人を選んでこの世に住まわせ、この世を繁栄に導こうとしたが、それが私たちなのである。これは創造主が言葉によって与えられる最高の地位である。

　　またあなたの主が（先に）天使たちに向かって、「本当にわれは、
　　地上に代理者を置くであろう」と仰せられた時を思い起こせ。
　　　　　　　　　　　　　　　　　　　　　　（雌牛章　2:30）

　我々は何をしようと、生き物である限りアッラーの目から逃れることはできない。アッラーが全ての行動を監視していると信じることにより、我々のなかに神が生きてそれが不正直や破滅を防ぐ壁になる。また、我々が創造された理由についても、アッラーは次のような文章で語っている。

　　ジンと人間を創ったのはわれにつかえさせるため。
　　　　　　　　　　　　　　　　　　（撒き散らすもの章　51:56）

　つまり誠実な人間というのは、アッラーに信仰心を捧げることこそが自分の役目だと認識している人間のことである。その役割は利益を得て、他人を助けることで、死後の世界における報酬を求めることである。これらは全て、地上の代理人としての役目を果たすことを意味する。これら全てによって、人は自身に与えられた祝福に感謝し、住む土地を耕し、生命を見出すことになるのである。

　こうしたことを理解することによって、人は全ての行動がアッラーに監視されていることを知り、ムスリムは仕事を避けたり、取引で不正を働いたり、ものの重さを偽ったり、賄賂を贈り合うことがなくなるので

ある。

　邪なことをするなと言う考え方は、質の高い仕事と誠実さを追求するよう預言者がムスリムに対し助言した言葉によって補強されている。これは預言者が話したとされる以下の言葉にも見て取れる。

　　　あなたたちが仕事をするときに、努力と最高の能力をもって行うことを、アッラーは確かに喜ばれる。

（バイハキー）

　同時に、ムスリム学者であるシェイク・ハッサン・アル・バンナがマレーシア人の持つ特性を観察している時に発見した、理想的なムスリムが持つ10の特徴についても考えるべきだろう。
　一番目が、ムスリムの魂には純粋な信仰心が根ざしていなければいけないということである。ムスリムは純粋な心を持ち、他の何者にも仕えるのではなく創造主のみに仕える。純粋な信仰心というのはムスリムの人格形成の基盤となるためとても重要な資質である。
　二番目は真実の信仰、これはアッラーと預言者による命令であるため、非常に重要である。科学技術がまだ解明できていない知恵や強みが信仰には込められているのである。
　三番目に、断固とした道徳心である。全てのムスリムは気高い性質、態度、特性、道徳心を掲げ、実行し、それが全てのムスリムの魂にしっかりと溶け込むまで育てていかなければいけない。両親に対する敬意、誠実さ、時間を守ること、清潔さの維持、他人との協調、自身よりも他人への思いやり、国家主権の維持などの価値観が道徳心の一部として取り入れられるべきだろう。良いムスリムは人間と他の生物と良い関係を維持できる人である。
　四番目に身体的強さ、つまりムスリムは力強く健康な身体を持つべきということである。健康な体が有れば委ねられた仕事を完璧かつ正直にこなすことができ、信仰も組織的に最高の形で実践することができる。身体的強さが多くのことを可能にしてくれるのである。預言者は弱い信者よりも強い信者を愛している。
　五番目にクルアーンでは、賢く頻繁に知性を使うことを推奨している。クルアーンは考える人の尊厳について述べることは多いが、考えない人への言及は少ない。考えることによって創造主のことをよく知り、従い、アッラーから与えられた恩恵に感謝の念を感じられるようになる。思考

力は預言者が持っていた特徴でもある。預言者の残したものやクルアーンの文言は考えようとする知性を刺激しているが、それは考えることの大切さを訴えているのだ。

六番目に、性欲と欲望に抗うことである。性欲も欲望も悪いものではない。人間と天使を区別するものである。人間がよいものに対する欲望を抑えることができれば、人間の地位は天使よりも高くなる。

七番目に、系統化である。物事を組織的かつ系統的に物事を処理することが、クルアーンやスンナでは強調して述べられている。効率的に取引を行えば、皆に利益をもたらすことになるので非常に重要である。行動自体が善であっても、系統立てて行わなければ結果がついてこない。計画性のない正義は、組織的に行動する悪に負けることもありうるのである。

八番目に、時間の管理と時間に対する感謝である。アッラーはクルアーンの中において、時間管理の重要さを示すように、ファジュル、ズフル、アスル、ライルなどの言葉を使って繰り返し述べている。時間の決まっている礼拝も、時間通りに日常生活に取り込まれなければいけない。

九番目に、働いて自立する（生計を立てる）能力である。これは他人に依存せず、特定の人々の支配から自由になるために必要なものである。貧困は不義につながると言う理由からも、経済的に自立することは重要である。

十番目に、他人のために役立つことである。これはムスリムにとっての必須条件である。ムスリムは自分たちのことだけを考えるのではなく、どんなことでも他人にために役立つことが必要である。

ムスリムが再び栄光をつかむためには、これら全てを手にしなければいけない。ムスリムは他者を変えるよりもまず、自分たちのパラダイム・シフトを始めるべきであった。ムスリムは形式や象徴ばかりを重視する伝統的な考え方を改め、事実と中身を重視するべきである。議論をするときは議論に勝つことではなく実りある結果を目指すべきであり、感情的になって社会の進歩から取り残されるのではなく、知識を習得するべきである。人生に価値を見いだせない人間から、ポジティブな価値と誠実さに満ちた人間になることである。

また、些細な問題にこだわることはやめ、大きな問題を解決するようにシフトしなければいけない。問題を複雑化させるのではなく物事に適応させ、硬直した思考や模倣を廃し、イジュティハード（法的解釈）と改革を目指す必要がある。排他的なアプローチではなく開放的なアプ

ローチを、無駄使いを抑えて節度ある生活を、強制や議論ではなく、知恵や団結を目指していくべきである。

ムスリムが優れていることを証明するには、パラダイム・シフトが重要だろう。これは学者であるシャムスル・アラム・MS が著書「マレー文化の系統」の中で、マレー文明を衰退させた要因を、社会経済発展に関するイスラム概念の関係から説明している。最も重要な要因として挙げられたのが、ポルトガルによるマラッカ王国の陥落であり、これによってマレーの経済構造に根本的な変化が起きたのである。

ムスリム政治勢力が敗北したことにより、彼らが維持していた経済商業的な支配力が落ち、この地域では中国系民族が今に至るまで商業的な強さを維持している。それとは対照的に、マレー系ムスリムの権益や才能、専門知識は下り坂に入り、起業家に求められる創造性、革新性、力強さなどがマレー人の生活に定着することはなくなった。それだけではなく、マレー人の価値観から誠実さというものが消えていったのである。

貿易から農業に移行するという根本的な変化は、マレー系ムスリムの文化にも大きな影響を与えた。この変化はマレー人の生活における態度や考え方に見て取ることができる。土地への依存、家を離れることへの抵抗感、シンプルな生活を送ることなど、マレー系ムスリムの考え方や価値体系に影響を与えているのである。

アッラーが与えた恵みに感謝し、アッラーの要求にかなう正しい考え方を持ち、母国を愛し守るために、皆が協力していくべきだろう。

24 現代における布教

　ムスリム学者や有識者は新しい世代の教育において、相乗効果を高めるために根幹的な役割を担っている。次世代の人々に強い信仰を持つ大切さや、信仰に害があるものを認識させる上で、彼らの果たす役割はとても重要である。現代社会においてイスラム教への誤解があることをよく考慮にいれながら、シャリアの根本的な教義から逸脱したムスリムの考え方を浄化していくためにも、彼らが当局と協力することも必要である。

　イスラムを破壊しようと考える人々が広げるプロパガンダに対する認識・認知が広まるように、ムスリムに対する組織的かつ計画的な攻撃を徹底して暴き、継続的に周知していく必要がある。

　ムスリム知識層や学者は率先して布教や説教を通じてプロパガンダに対抗し、「治療よりも予防が有効」という原則に則ってイスラムの理解を広めるべきである。

　このためには学者が現代社会の発展に関わっていき、適切な知識と技術を持って説いていくことが重要である。また、とりわけグローバリゼーション、新植民地主義、帝国主義と言った国際的、国内的、地域的な社会経済に影響を与える言葉の意味を広く深く知ること、更にムスリムの信仰、社会、文化、教育、政治、経済に影響を与える動きの幅を十分に理解することが大事である。ここで挙げたものを詳細に理解することができなければ、我々の取り組みが無駄になったり、十分な効果を上げられなかったりすることになる。ムスリムの学者は世界中と交流し、最新の情報を求め、通信手段を巧みに使いこなして、最先端を生きて行かねばならない。

　国際化のなかで、ムスリムの裁判官や学者は普遍的な正義を支持する、イスラムの政策と価値を作り上げていかなくてはならない。そしてそれは経済政策も含んだ上で、道徳的な価値と人間性をも保護するイスラムの教義に導かれたものでなければならない。一例を上げれば、彼らは資本主義経済が持つ悪い面が物質主義に偏って、従来の経済の仕組みの中に生きている人々の権利を抑圧しているということを人々や社会に訴えていくことができるのである。

ムスリム学者や宗教家は、宗教に関するあらゆる問題や活動を検討するにあたって、イスラムの真の価値観をもう一度学び直すことが必要である。イスラム教の価値観以外の要素が、人種にかかわる政治的利益や経済的利益に関するイスラム教の必要条件を覆すことがあってはならない。

　マレーシアのムスリムはイスラム教を守るために力を合わせ、シャリアから逸脱し信仰を歪めるイデオロギーを拒否するべきである。誰もがイスラム教が一番大事だと思えば、イスラム教に基づいたムスリムの団結は不可能ではない。政治的なイデオロギーによる違いなどを乗り越えて団結の道に人々を導くのはムスリム学者の役割である。イスラム教が一番大事だと皆が賛成すれば、ムスリムの団結は可能である。これは政治的に政党は一つだけであるべきだと言っているのではない。団結は政治の場ばかりではなくすべての場において求められるのである。

　知識人と学者がすべての場においてチエック・アンド・バランスとしてもっと機能していくには政治的な党派として適切な力を持ち、それを養っていかなければならない。この役割を果たせない宗教学者は、真の意味でイスラムに貢献できているとはいえない。

　ムスリム学者の役割はムスリムの人々の団結を理論化するための、断固たる基準作りであるが、それはシャリア法に基づいて適用されるべき中庸の徳を啓発するものでなければならない。また学者はイスラム教における正義概念の本質と基礎、人権の保護、そして信仰の平穏を保証する、崇高で高貴な文明の緒価値といったものを示していく必要がある。

　ムスリム知識層や布教に努める人はイスラム文化の価値観と信仰を強化することに努めるべきである。ムスリムのアイデンティティとイスラム文化が脅かされることがないようにイスラムの教育方針を掲げることが求められる。現代ではこれが善（ハラル）であれは悪（ハラム）だ、と言うだけでは駄目なのである。当局が発表するいかなる裁定に対しても反論がなされるのである。

　このため重要なのは、一つひとつの問題について学者がシャリアの意味を考え、決定の根本原理を確立することである。根本原理の詳細な説明があれば、人々もその決定に従いやすくなるだろう。

　しかしこれは全ての問題を議論するべきというわけではない。クルアーンやスンナの文章に異論がなく全員が賛成しているのであれば、そこに疑問を挟んではならず、そのまま受け入れなければいけない。確固たる知識が無いにも関わらずイスラム法学者のように振る舞う人間がい

ることは、非常に嘆かわしいことである。人々が受け入れてきたものとは異なる決定を支持することに誇りを感じているのだろうが、自らの判断力を過信するあまり、アッラーが全てを見通していることを忘れてしまっているのだろう。

　学者や有識者は国内外において公正さと平穏を守るため、情報技術などの分野における良い文化を取り入れることに積極的になるべきである。情報技術に通じた人々を相手にしているにも関わらず現代の流れに乗り遅れてしまえば、学者が布教を行うことは難しいだろう。

　結論として、有識者であるムスリム学者はあらゆることにおいて社会と協力していかなければいけないということである。地上におけるアッラーの代弁者としての責任を全うして布教していくためには、宗教学者は社会の胎動を感じていかなければいけないのである。

25 宗教過激派への対応

　近年、マレーシアではイスラムの地位やシャリア法体系を脅かすような問題が頻発し、ムスリムは対応を迫られるようになっている。これは非ムスリムだけが問題提起しているのではなく、ムスリムを自称しながらリベラル主義、多元主義などさまざまなイデオロギーを掲げている人々も、この流れに加わっている。

　ムスリムの中にはイスラムを掲げていても真の教えから目を背けているため、他のムスリムから拒絶されている人もいる。例えばISやボコ・ハラムなどの過激派は、正しいイスラムの考えを持つ主流派ムスリムの支持を得ていない。

　しかしイスラムは国際社会では、それに従うべき理想のモデルとして見られていないという結果になっている。イスラムの教えは（イスラムの名の下ではないにしても）非ムスリム国で実践されている一方で、イスラム国家のムスリムの間では同じことが起きていないというのが現実である。イスラムの教えがイスラム国家で実践されないというのは皮肉なことである。

　また、ムスリム学者の中にはあまりに多くの新しい考え方を取り入れようとするあまり、人々の混乱を招いてしまっているものもいる。同時に、ムスリムの間で意見の相違を受け入れる気風が薄れてきている。過去には、意見の相違を認め、学者が「私の意見はこれであり、私には正しいと思えるが、間違っているかもしれない。あなたの意見はそれであり、私には間違っているように見えるが、正しいのかもしれない」と言って意見の違いを認めることが一般的であった。

　しかし最近では礼儀を守り異なる意見を受け入れる人がまれになってきている。なかには表現の自由を主張しながら、自分の意見が反対されると他者に勝手なレッテルを貼り、異なる意見を批判するものまで出てくる始末である。

　人々が持つ全ての問題を解決するため、学者、一般人、政府・非政府のリーダーなどを問わず、ムスリムの間で効果的な戦略を検討するときが来ているのではないだろうか。自分の正しさを主張し他者を否定することは、イスラムのやり方ではない。他者の過ちを見つけて辱めるよう

な行為は止めなければいけないだろう。今後起こりうる問題に対応していくためには、ムスリムはこのようなやり方を変えていかなければいけない。

　我々が理想的な行動を示すことができていないのに、イスラムに反対する非ムスリムを非難しても無駄である。公共の利益よりも自分を優先させ、心を開かず、他者を攻撃し、ムスリムの間で団結を示すこともできていないのだから、我々は自らを責めるべきである。

　イスラムに反対する人々の計画を理解するのは簡単である。なぜなら彼らは明らかにイスラム教徒ではないからだ。全ての非ムスリムがイスラムに反対しているわけではないが、イスラムに反対していない人と、イスラムの教えに疑問を呈し続けている人を見分けることはできる。しかし難しいのは、リベラル主義と多元主義のコンセプトから生まれてくる新しい考え方をどう扱うのかである。

　このような人々が最初はイスラム教を愛していたにも関わらず、導きがないため迷い、リベラル主義と多元主義というコンセプトの上に作られた考え方に心を奪われ、法律や合理性を無視するようになってしまうという例は枚挙に暇がない。彼らはイスラム法に明白な根拠があるにも関わらず、全てのことについて議論をけしかけるのである。

　中には、マレーシアは国として政教分離するべきであると恥知らずな主張をするムスリムも存在する。ここで言う政教分離とは国の行政や法体系から宗教を排除し、政府と宗教を完全に隔離するという意味である。このような主張は主流派のムスリムに受け入れられるものでは決して無い。イスラムは政府のシステムを含め、生活の全てを網羅している完全な体系なのである。

　ムスリム学者がムスリムのために行うイジュティハード（法的解釈）とは、クルアーンやハディースに書かれていないことについて下される解釈であり、ここで下される決定に費やす努力は適切に認めていくことが必要だろう。その学者はクルアーンやスンナなどの皆が信頼する出典や詳細な法律に基づいて決定を下すために、決断力と忍耐力を行使するのである。

　イジュティハードの整備や新しい著名人の登場は、ムスリムにとって良い状況である。イジュティハードは判決を下すためには欠かせないものであり、時代、状況、場所に合わせて進化し続けていくものである。イジュティハードはイスラム法で認められた判決を下すために使われる証拠の一種であり、これに基づいて社会の合意が形成される。

しかし人々は生活を劇的に変えるイジュティハードを受け入れることができないため、意味を誤解してしまうことがある。イジュティハードを宣言する場合には、ムスリム学者は議論されている問題に関する人々の理解や受け入れ具合を考慮するべきだろう。
　世界を変えるためには、まず自分を変えなければいけない。イスラム国家をつくるためには、まず我々の中にイスラムを確立させる必要がある。

26 政権による ワサティア(中正)運動

　マレーシアにおいて連邦政府の中でイスラムのワサティア(中正)政策を進めようという取り組みが見られるようになっている。ワサティアの意図をよく理解していない人も多いだろうが、クルアーンがその根拠を示している。アッラーは以下のような事を言っている。

> 「このようにわれは、あなたがたを中正の共同体(ウンマ)とする。それであなたがたは、人びとに対し証人であり、また使徒は、あなたがたに対し証人である」

(雌牛章　2:143)

　タフシール・ピンピナン・アル・ラフマンという、マレー語で書かれたクルアーン解釈書によると、「ウンマタン・ワサタン」という単語は「中正である選ばれた共同体」という意味だけでなく、振る舞いが極端でなく、信仰や行動、実践が急進的でなく、穏やかである「中間共同体」という意味もあるとしている。見て、学んで、実践したもの全てが適切であるというのが中正という言葉の意味であり、現世だけでなく死後の世界に対しても適用される。
　ワサティアという考え方が完全な形で実行されれば、ムスリムに害をもたらすようなものではない。この概念は長い歴史のなかで形成されてきたもので正しい説明を受けないとその意味が正しく理解できない。宗教におけるワサティアは明確に正しく噛み砕いて説明しないと正しく受け止められないし、社会の中で信頼感を醸成できない。ワサティアは単に均等に分割するといった言った意味での公平ではなく、愛情、平静、団結に基づいて皆で共有しようとする姿勢を指すのである。
　ワサティアはバランスのとれた姿勢というべきものである。それは単に平均を選ぶと言う意味での中庸とか公平などと言っているのではなく、むしろ優れたものを求めて行くと言う姿勢なのだ。上に引用した一節を完全に理解すれば、共同体が中正であれば、全ての人類に尽くすものとなる。シュハダと言う単語は単に証人という意味だけではなく、き

ちんと理解するためには以下のように専門用語を使わなければいけないだろう。

　法廷において起訴や請求が成立するためにはイクラル、シャハーダ、バイナ、カリナなどを根拠とできる。イクラル（自白）による起訴や請求は、被疑者本人が認めているのでその証明は簡単である。

　自白がない場合、シャハーダ、バイナ、カリナなどを通じて証拠が提示される。シャハーダはこの中でも最も重要で包括的な証拠となる。シャハーダの証拠を提出する人物はシャヒード（複数形はシャハーダ）と言われ、真実を証言していることを証明するため厳しい審査を受ける。証人の審査をするプロセスはタズキヤ・アル・シャヒードと言われ、証人が信頼に足るか、過去に大きな罪を犯していないか、小さな罪を何度も犯していないかを判事が判断する。

　シャハーダの証言に求められる水準が非常に高いことは明白であろう。クルアーンに従い中正を追求している共同体にとって、ワサティアとは単なる平均的な水準を意味するものではなく、クルアーンに書かれている最上級の水準を超えるものでなくてはならない。このため、ワサティアのアプローチとは共同体にとって、イスラムの地位を高め聖域へと近づけるパラダイム・シフトを意味するのである。

　ワサティアは特にマレーシアで適した手法だろう。イスラムの歴史を紐解いてみれば、イスラムが生まれたのはユダヤ・キリスト文明が全盛の時代であった。当時のキリスト教社会では神父が信仰の全権を握り、人々に対して宗教問題に専心するよう求めるという側面が強調されていた。ユダヤ教は実利主義が行き過ぎており、貿易や商売など世俗的な問題に没頭していた。イスラムは二つの宗教のバランスを取り、宗教問題を重視しながらも世俗的な問題からも目を背けていないと考えられていたのである。

　上記の詩句に描かれたワサティアという姿勢を通じてイスラムの美しさが示されている。ムスリム共同体は現世や来世で成功を治めるだけではなく、現世のあらゆる試練を克服し、来世においても同じように優れた人生を享受するということである

　ワサティアの基盤となるのは信念、つまりアッラーに対する信仰と敬虔さであり、バランス、平等、多様性である。イスラム教は社会を作り管理していくことができ、多様性の中に団結という考えを実現できる優れた文明であると証明することこそが、ワサティアの考えで求められていることである。

マレーシアを初めとした世界のムスリム社会において、優秀さを生み出すバランスの取れた生活様式を育てていかなければいけない。マレーシアはイスラム教国および非イスラム教国において、模範的なイスラム国家であると認識されている。ワサティア（中正）運動を続けていく事により、マレーシアの成功と模範的なイスラム国という名誉は続いていくことだろう。イスラム教が最高の位置にあり、それよりも優れたものはないことを示すためにムスリムの社会は力を合わせて優れたものを目差さなければならない。

27 異なる意見の受容

　宗教の細かな問題に関する議論がムスリムの間でも広まってきているが、このような展開は宗教への理解が広がるため基本的には歓迎すべきことだろう。しかし宗教の細かな問題を議論する場合、宗教学者であろうと一般人であろうと、意見の相違があるのが普通になってしまった。さらには宗教学者が干渉しない状況で意見の相違が発生すると、一般人が感情的になるという問題もある。ムスリムの間で深刻な問題になることを避けるためには、意見の相違に対しては最善の対処をする必要がある。

　これまでは、基礎的な問題については意見の相違を許さないというのが一般的であった。例えばアッラーの唯一性については意見の相違を認めることができない。また、アッラーへの信仰から、アッラーが存在するという決定的な証拠については受け入れることが必要である。

　しかし枝葉末節の問題については柔軟な対応が認められており、信仰や原理問題に触れない限りは、意見の違いも歓迎されるものである。このため、知識があり資格を持ったムスリムであれば理解や解釈を巡って議論することができる。

　イスラムでは不確かな問題の理解について意見が異なることを認めているが、イスラム学派やムスリム学者の意見が異なることをよく思わないムスリムも一部にはいる。他者が自分とは異なる意見を持つことを受け入れられず、結果として不必要な争いが連鎖して起きるのである。

　ではなぜムスリムの間で意見の相違が生じるのだろうか。連邦領のイスラム法学者であるズルキフリ・モハマド・アル・バクリ博士によると、これには7つの理由があると言う。

　　ⅰ．理解と論拠、および知識を生み出す能力の違い
　　ⅱ．知識を使いこなす能力の違い．
　　ⅲ．アラビア語の能力の違い
　　ⅳ．イスラム法解釈学（フィクフ）の出典について議論する能力の違い
　　ⅴ．基礎的な方法の違い
　　ⅵ．クルアーン暗唱（キラート）の違い

vii. 対立する宗教権威による理由の違い

　以前、踊りの最中にアッラーの名前を唱えること（ズィキール）に対する判決について、議論が起こったことがある。マレーシアでは二つの意見があった。プルリス州のイスラム法学者が、踊りながらのズィキールは禁止（ハラム）であるという裁定（ファトワ）を出した一方で、ヌグリ・スンビラン州の学者は許可すべきである（ハルス）というファトワを出したのである。社会全体で議論が起こり、プルリス州学者の意見に同意するものと、ヌグリ・スンビラン州学者の意見を好むものに分かれていったのである。
　ムスリムの中には一方の意見を受け入れ、もう一方を拒否して侮辱するようなものまで出てきたが、これは非常に悲しい事態である。意見の相違や「不一致時の倫理」をどのように扱うべきだろうか。
　イスラムにおいて意見の相違が多く生じてきたというのは動かしがたい事実であるが、これは宗教としてのイスラムの弱さではなく強さと捉えるべきだろう。イスラムにはシャーフィイー、ハンバル、マーリク、ハナフィという四つの学派が存在することはよく知られている。これらの学派が生まれたことはムスリム法学者の間で意見の相違が生まれたことの象徴的なしるしだろう。イマーム・シャーフィイーは、自分の意見が変わるということまであった。意見は文脈により変わり、これは「以前の意見」「新しい意見」と区別された。
　イスラム学者はこのような意見の相違に対し、敬意と寛容さを持って歓迎したということは興味深いことだろう。たとえ異質な考えが示されても罵りや嘲り、侮辱の言葉がかけられることはなかったのである。
　しかし意見の相違に対して敬意を払わない人が増えてきている。細かな問題に対する意見の違いについては、あまり誇張されるべきではないだろう。イスラムが我々に教えているのは細かな問題についての意見の相違には敬意を持つべきということである。中には意見の異なる人と席をともにすることが不愉快であるという人もいるだろうが、イスラムがあらゆる職業の人々に受け入れられるような柔軟性を持つようになったのは、意見の相違があったからであるということを覚えておくべきだろう。ジャアミ・バヤン・アル・イルムというタイトルの本によると、ウマル・アブドゥル・アジズは意見の違いを歓迎し議論を好み、「同席者に意見の違いが生まれないと面白くない。同じ意見しかないと、人々は困難に陥るからだ」と話したと伝えられている。

意見の相違に接した際に我々が守るべきエチケットとして挙げられるのは以下のようなものである。
　第一に意見の相違がムスリムの分裂に繋がらないようにするべきである。イジュティハードの問題で意見の相違が生じるのはイスラムにおいて普通のことであるが、かと言ってムスリムの連帯と愛情を損なうべきではない。
　第二に、我々の意見が相違した場合でも、イスラムの同胞の権利を守っていかなければいけない。イスラムはムスリムの同胞意識の大切さを重視している。ハサン・アル・バンナは、たとえ細かな問題における意見の相違があっても、憎悪や争いによってイスラム教が分裂する理由となってはならないと主張している。
　第三に、異なる意見に敬意を持つことである。イマーム・シャーフィーは他者の見方や意見に非常に公平で寛容さに満ちた偉人の一人である。彼の有名な言葉に「我々の意見は正しいが間違っている可能性もある。我々に同意していないものの意見は間違っているが正しい可能性もある」というものがある。我々は他者の意見に敬意を示すべきである。もし我々の意見を受け入れることを他者に強いてしまえば、我々が頑迷であると思われてしまうだろう。我々のみが正しく他者は間違っていると考えていることになるからだ。すべての意見はイジュティハードであり、正しい可能性も間違っている可能性もあるということを受け入れるべきである。なぜ狂信者のように振る舞って他者の意見を貶める必要があるというのか？
　第四に、あまり強い言葉や失礼な言葉を使わないということである。ムスリムは礼儀正しく、クルアーンとスンナの定めた道徳に従わなければいけない。マナーや道徳の中でも特に、演説や文章において間違った主張や突飛な非難は避けるべきである。強い言葉や失礼な言葉は人々の心をイスラムから遠ざけてしまうことになる。紳士的な言葉を使い、適切かつ論理的な説明を施すべきである。
　ムスリムの分裂につながらないように、意見の相違を受け入れることが、ムスリムにとって非常に重要なことである。

28 ドライバーの意識を変える

　クアラ・ルンプールの高速道路でレースをした結果、別の車に衝突して乗車中の夫婦と子どもが死亡するという事故が起き、マレーシアの人々の間で衝撃が走った。また、別の事件ではバスの運転手が無謀なスピードで運転をしてバスがスリップし、歩行者数名が死亡し、訴追されるというものもあった。このような事故は非常に痛ましいものであり、マレーシアの道路運転事情を現している。

　実際、マレーシアで交通事故は日常的な出来事である。毎年多くの事故が起きており、事故で愛する人を失うことも多い。マレーシアでは無謀な車の運転が多く、彼らの不注意や危険運転が致命的な事故や怪我を引き起こしている。

　無謀な運転の結果として、他の人に怪我を負わせ殺してしまうことは、イスラム教で罪にはならないのだろうか。節度を持って運転して速度制限を守ることは良い行いとはならないのだろうか。

　いくつかの要素を合わせて考えなければいけないだろう。まず、道路についてどう考えているのだろうか。良い状態が保たれた道路は神の恵みであり、感謝に値するものであり、短い時間での場所の移動が可能になる。

　しかし状態の良い道路は無責任な運転手により間違った使い方をされており、危険な運転でスピード違反をし、信号無視をし、他の利用者の安全をないがしろにしているのである。このようなことが頻繁に起こり、無責任なドライバーが道路を仲間内での競争のためにレース場として利用しているのである。

　彼らは自分たちの欲求を満たすために週末走りにいくのである。このような無謀なドライバーがよく現れる公共の場ではパトロールを頻繁にして逮捕することが望まれる。同時に、他のドライバーは互いに協力して、危険な状況を目撃したら警察にすぐ通報するべきである。この問題の解決に真剣に取り組もうとするならば、通報と警察力の協力と強化が必要になるだろう。

　第二に、自らと他者の安全を守り公共施設の正しい利用を学ぶためには、子供の頃からの教育が必要である。道路が暴力的かつ不寛容な場所

として使われている現状がある。多くの人は道路を自分のものであるかのように考えているが、これは無責任で無神経な自分自身を反映したものである。彼らは他者に譲るということを気高い行為であるとも、来世に報われる行為だとも見ていないのである。他のドライバーに抜かされたときに怒り、車を停めさせようとするドライバーが実際に存在するのである。

　交差点で道を渡ろうと待っている歩行者に遭遇しても無視するドライバーになると、さらに状況が悪化する。歩行者は車と同様に道路を使う権利があり決められた場所で道路を横断することが認められているのに、一部には車の加速を続けたり、怒ってクラクションを鳴らしたりする者もいる。道路における正しい方法やマナーは学校のカリキュラムの一部として教えるべきである。正しい考えで子どもを教育することにより、おとなになった時に礼儀正しく道路を利用できるようになるだろう。

　第三に、無謀な運転やひき逃げ、死亡事故などの犯罪を規定した法律や、事故証明の手続きや罰則は見直されるべきである。イスラム刑法の中に賠償金（ディヤート）を説明しているものがあるが、言及されているのは実際に施行されている法律のみである。

　現状、道路交通法違反者に対する罰則はあまり厳しくない。道路交通安全法42条によると、無謀な運転や危険な運転で有罪になったものは6,000リンギットの罰金か3年以下の懲役が課されるだけである。41条では危険運転により死亡事故を引き起こせば10,000リンギット以下の罰金もしくは5年以下の懲役である。（1987年施行の法律では5年以下および5,000リンギット以上15,000リンギット以下：訳者注）いくつかの研究では、この罰則が非常に軽微であり犯罪の深刻さを反映していないと言う。

　オーストラリアなど、他国での状況を見ると、道路上の安全は小学校一年から重要な科目として教えられている。生徒は道路の渡り方のほか、横断歩道以外では渡らないこと、他のドライバーに敬意を示すこと、歩行者優先することなどを教えられる。これにより、他者への配慮や危害を加えないようにすることなどの考えが根付いていくのである。

　また、ドライバーは無謀な運転を監視するために協力することが警察から求められている。高速道路の道路脇にはこのことを示す看板が数多く並んでおり、必要があれば連絡するための地元警察の電話番号が示されている。更には「制限速度は時速100キロです。もしこのスピードで走っている時に隣の車があなたを抜かした場合、この番号にかけてくだ

さい」と書かれた看板まである。制限速度を守るのは絶対であり、スピード違反にはかなりの額の罰金が課せられる。

　無謀な運転に対する罰則は恐ろしいものである。マレーシアの学生が運転する車が衝突するという事件がメルボルンで起きたが、車の修理費だけでなく、被害者が怪我で働けない間の給料、事故後に働けないことに対する補償を払うことが求められた。彼の運転免許は没収され6ヶ月間運転を禁止された。再度無謀運転で逮捕されると刑務所行きになる。このアプローチがディヤートと呼ばれているわけではないが、イスラム的な補償であるといえる。

　オーストラリアやニュージーランドなど先進国の状況を見ると、マレーシアと比べても交通警察が都市部で交通整理をしていることはあまりない。これは、運転者が道路交通法を完全に遵守しているからだといえるだろう。道路安全を守るだけでなく、政府は保守にも予算を費やしている。最も重要なのは、死亡や怪我のリスクを最小限に抑えるということである。

　道路の安全を守り、全ての人にとって道路が安全な場所であるよう保つためにマレーシアに求められているのはこれだろう。「道路では礼儀正しく」というスローガンを単なるスローガンで終わらせるのではなく、実践していかなければいけない。

29 困窮者への援助

　我々は人生において多くの悲劇や試練に直面し、死、飢餓、重病などさまざまな苦難を強いられることになる。マレーシアが数年前に直面した大きな試練の一つとして、クランタン州グアムサンとクアラ・クライの街が全て水没した大洪水が挙げられるだろう。

　この大きな試練は想像を絶する被害をもたらした。数千軒の家が破壊され、洪水で流され、階段だけ残された家や、全てが流された家などもあった。この他にも災害で破壊され失われたりした自動車もあった。

　大洪水は、この世の万物に対し絶対的な力を持つ創造主の偉大さを示す印であった。この事件は、分別のある人間の心の目を開かせ、宇宙の創造に心を巡らし、運命づけられている自然災害に人間が抗うことはできないという事実を突きつけた。しかし我々は屈服して諦めるのではなく、災害と向き合う最善の方法を見つけることが求められているのである。

　この事件で私たちの目は開かれ、違った角度からの英知に目覚めた。多くの人が犠牲者となり、家や財産を失いホームレスとなるのを見て、私たちはできる限りの援助をしなくてはと思ったのである。

　必要な人に与えるという行為は、イスラムにおいて崇高な教えであるが、特に誰かが本当に困っていることを知っている場合、哀れみの心から援助をすることは我々の責務である。

　洪水の被害者を助けることは我々の家族の絆を強めることにもなった。子どもたちが寄付金集めに参加し、衣服や食事を集め、被害者のためにこれらを梱包することにより、他者を思いやると言う感情を刺激することができる。

　洪水の犠牲者が必要品を購入できるよう、個人や非政府系団体（NGO）、モスク、礼拝所などが行う寄付金集めの様子はメディアでも報じられた。IKRAM、ABIM、モスク、礼拝所、そして一般市民が大規模な運動を立ち上げ、被災地のために寄付金集めをして送っている。数千リンギットが集まったという事実は、マレーシアの人々の間に人類に対する温かい心と慈悲の心があることを示してくれた。これは称賛に値することであり、継続して行われていくべきだろう。

同時に、犠牲者に会う機会があれば励ましの言葉をかけることが求められるだろう。苦難を乗り越え失ったものに耐えられるよう、ポジティブな言葉をかけて慰める必要がある。賢明な教えやポジティブな言葉は、犠牲者に与えられる間接的な施しとも言えるのである。

　財産の喪失や愛する人を失うこと、痛み、災害などの試練を受けている時、アッラーは信仰者の反応を見て試しているのだということを強く信じるべきである。これらの試練は心を揺さぶり、恐怖や強い悲しみを生むということは間違いないだろう。

　これらの辛い試練を経ることによって信仰者の反応を見て、アッラーに近づいたのか遠ざかったのかを判断しているのである。厳しい試練に直面した時、信念、自信、服従、忍耐が真に不可欠になってくるのである。

　アッラーを遠ざけるものは、試練を与えたアッラーを責め、運命のいたずらを恨み、創造主であるアッラーにさまざまな文句を言うのに対して、アッラーに近づくものは、災害が創造主としてのアッラーの力で引き起こされたことにより、彼を試しているのだと考える。これは彼の罪や過ちの贖罪であり、来世にはアッラーから大きな報いと楽園が約束されるのである。

　どのような状況であっても、洪水の被害者はアッラーに対する強い信念を持たなければならず、信仰を試すために起きたのだと信じなければいけない。アッラーの言葉では以下のように書かれている。

> 「それともあなたがたは、先に過ぎ去った者たちが出会ったような（試みが）まだ訪れない先に（至上の幸福の）園に入ろうと考えるのか。かれらは災難や困窮に見舞われ、（不安の中に）動揺させられて、使徒も、一緒の信者たちも、「アッラーの御助けは、何時（来る）だろう」と叫んだほどであった。ああ、本当にアッラーの御助けは近付いている」
>
> 　　　　　　　　　　　　　　　　　　（雌牛章　2:214）

　忍耐とアッラーに対する強い信仰とは、ムスリムとしての我々の生活における根本となっている。彼らにとっては今日が試練の日であり、明日や明後日が我々の試練の日なのかもしれない。

30 イスラム改宗宣言の是非

　非ムスリムがイスラムに改宗するケースは、マレーシアだけでなくヨーロッパやアメリカを初めとして多くの国で急速に増えている。

　マレーシアにおける改宗者は日を追うごとに増えており、喜ばしいことである。政府の調査によると、非ムスリムがイスラムへの改宗を決断する理由は複数あり、改宗を説得したムスリムとの関係や結婚のプロポーズなどが挙げられている。その他にも改宗者にイスラムの教えを伝える政府系・非政府系のイスラム宣教師の取り組みなどがある。

　イスラムへの改宗は、改宗者自身だけでなくその家族に対しても大きな影響を与えることになる。中にはイスラムへの改宗に対してオープンで本人の決断を尊重し、反対をしない家族もいるだろう。また、事実を受け入れられず、もとの宗教にとどまるようあらゆる手段を尽くす家族もいるだろう。

　イスラムへの改宗は、人生全てを変えるものなので、その生活に多大な影響を与える決断である。改宗のためには十分に勉強し、その決断が揺るがないようなレベルに達するまで、強く固い信念を作り上げることが必要である。

　イスラムの歴史を見ると預言者ムハンマドの時代にも、臆することなくイスラムへの改宗を高らかに宣言するものも、改宗の事実を隠すものもいたという印象を得るだろう。

　クライシュ族首長の前でイスラムへの改宗を宣言したサイーディナ・ウマルの話は、イスラム選択を宣言し家族に改宗を伝えることができると言う一つの実例だろう。クライシュ族の人々はサイーディナ・ウマルの勇敢さや強さを知っていたため、ただ彼を見ることしかできず、害を及ぼすことなどはできなかった。ウマルの行動を見て、多くの人が勇気を得てイスラムへの改宗を宣言し始めたのである。

　しかし少数ながら家族に対し改宗を伝えられないケースが有るのには、いくつか理由がある。イスラムへの改宗を隠した者の中には、より重要な問題や利益を守るためという理由があったのである。フィルアウン家の男が信仰を隠した話が、クルアーンの中には書かれている。

> フィルアウンの一族の中で、密に信仰している一人の信者が言った。「あなたがたの主から明証を齎し、『わたしの主はアッラーである』と言っただけのために、人ひとりを殺そうとするのですか」
>
> （ガーフィル章　40:28）

著名なユダヤ人ラビであるアブドゥラー・ビン・アル・サラムの話も一つの指針になるだろう。預言者ムハンマドが歴史的な移住を決めてメディナに着いた際、その一日目にアブドゥラー・ビン・アル・サラムは預言者ムハンマド来訪の真の意味を確かめるために会いに来た。アブドゥラー・ビン・アル・サラムは預言者ムハンマドの教えを学ぶと、預言者を信じてイスラムを受け入れたが、彼がイスラムに改宗したことを隠していきたいと許可を求めたのである。彼は著名なユダヤ人ラビであったため、安全が脅かされることを恐れたのである。預言者ムハンマドはアブドゥラー・ビン・アル・サラムがイスラムを受け入れた事実を隠すことを認めた。

上記の話は、改宗したばかりのムスリムが安全を考慮して、イスラム改宗の事実を宣言するか隠すか選ぶことができるということを示している。

マレーシアにおいて、イスラムに改宗した人は改宗の事実を宣言するか隠すか選べる権利が、連邦憲法に従って保証されている。イスラム改宗者に対して改宗の事実公開を強制すれば、彼らの権利を侵害していることになり、間接的に彼らの選択する権利が自由に行使できない事になってしまう。

改宗者はまだ信仰が弱いため、信仰を隠す権利はシャリアとも矛盾していない。改宗を宣言すればその親戚が来て元の宗教に引き戻そうと説得をすることになり、まだ信仰が固まっていない場合は家族の主張や説得によって簡単に心を引き戻されてしまうことになるだろう。

信仰を隠すことは永遠に続くわけではない。なぜなら、信仰が強固になったり、家族の妨害がなくなったり、オープンにイスラムの教えに従うことができるようになれば、イスラムへの改宗もオープンに宣言できることになるからである。

また、家族から引き離された改宗者の苦しみについて聞いた人もいるかもしれない。イスラムでは宗教の違いを理由に家族の絆は壊れないと教えるが、イスラムを生活様式として取り入れた結果、家族から孤立し

て追い出された改宗者は多い。中には家族からは死んだものとみなされ、里帰りを許されない人もいる。このような理由から、改宗者は自分たちに害が及ばないよう改宗の事実を隠すことが良いだろう。

　改宗の事実を宣言するかどうかは改宗者自身の選択であり、強制されるべきものではない。本人が家族へ改宗を伝えると決心したのであれば、その決心は尊重されるべきであり、法律が立ち入るべきことではないだろう。

　家族に改宗を伝えるべきか否かを一番よくわかっているのは、家族を説得する本人たちなのである。

　改宗したムスリムはその身体の安全や信仰を守る必要があり、その家族に事実を伝えるための仕組みを考える必要があるだろう。この役割を担うべきなのはイスラム宗教評議会であり、本人の同意を得たら家族に伝え、改宗者の安全を守るようにするべきである。このようにすれば公益と公共の安全は全ての人に対して守られることになるだろう。

31 両親への責任

　イスラムが両親の幸福を重要視している宗教であることは、広く知られている。クルアーンやハディースの中にも、子どもたちに対して両親の幸福のために尽くすよう求める文章が多く含まれている

> 　あなたの主は命じられるかれの外何者をも崇拝してはならない。また両親に孝行しなさい。もし両親かまたそのどちらかが、あなたと一緒にいて老齢に達しても、かれらに「ちえっ」とか荒い言葉を使わず、親切な言葉で話しなさい。
>
> （夜の旅章　17:23）

　この一節では、子どもたちが親に対して不満を表す音でさえ彼らの感情を傷つける事があるため非礼であると明らかに示している。両親に対して無礼である子どもは親の幸福や感情に関心すら持っていないということを意味しており、ましてや身体的、精神的、機能的、感情的な対応など考えていないだろう。

　近年では子どもたちが両親を進んで老人ホームに送り出すケースが増えてきている。これは経済的な問題や身体的制約があるからではなく、からだの弱った両親の面倒を見たくないからである。ニュースでの報道を見ると、家から追い出し、道に置き去りにするような酷いものもいるようである。

　このようなことをする子どもたちは、自身の行動がアッラーのもとにおいてもたらす結果に気づいていないのだろうか。預言者はこのことについて仲間に以下のように話している。彼が「最も大きな罪とは何か教えようか」というと、仲間は「預言者よ、是非教えてください」と答えた。預言者は「アッラー以外のものを崇拝し、両親を軽視することだ」と言った。

　両親を無視し見捨て、子供としての責任を果たさないことは、両親を軽視することを意味し、大きな罪であると考えられる。

　自分で対応できなくなった年老いた両親の面倒を見ることは、全ての子どもが負うべき責任である。息子、娘、既婚、未婚を問わず全ての人

の責任である。

　一般的にハディースでは息子と娘の区別が付けられていないが、一部のムスリム法学者は娘よりも息子に大きな責任を求める。これは娘よりも息子のほうがより多くの財産を受け継ぐからである。財産が大きければ責任も大きくなり、息子は自らの妻、子ども、存命の親の面倒を見て、その費用を払うことが必要である。

　しかし結婚した娘が自らの両親に対する責任を完全に免除されるというのは、正しい表現ではない。これは恐らく、女性が結婚すれば親ではなく、夫となる人のみに従わなければならず、妻は両親が病気でもその世話からは免除され、夫のみの世話に責任を負うという考えから生まれたものであろう。しかし実際には娘も弱った両親の世話に関わることが求められており、そのためにまず夫の許可と協力を得る必要があるということである。

　法的および人道的観点から言えば、子どもが親に対して負う責任は、結婚したと言っても消え去るものではない。イスラムにおいて、非ムスリムがイスラムに改宗したとしても、その非ムスリムである両親に対する責任は改宗を経ても無くならない。両親は決して忘れられたり、捨てられたり、無視されるべきではないということを現している。

　マレーシアのシャリア法でみると、イスラム家族法（連邦法）は第60項において、両親を支援する責任を規定している。他者の生活費を支払うことを義務とする権限をシャリア法廷に対し賦与している。

　条文には以下のように書かれている。

　　　　精神的・身体的障害または健康障害を理由として自活する能力を完全もしくは部分的に失った場合、法廷はその権限を行使することが合理的であると納得できる場合、シャリア法に基づき、責任ある人物に生活費を支払うことを命じることができる。

　条文は一般論を述べているものだが、法廷が娘に対して生活費の支払いの責任を持つよう裁定を下したケースもある。カシム＆ファティマ対ラジャ・スザナ＆ズル・アズリ係争の事例において、ヌグリ・スンビラン州のシャリア法廷は両親が子供に対して生活費を請求した場合、この条文は男女かかわらずに適用されるという判断を下した。

　この判例では、被告である娘に対して土地の名義を移していたが、のちに家を建築する際に、銀行に対する担保となったものである。両親は

共に娘および義理の息子と家に住んでいたが、母と娘の間に摩擦と衝突が起きるようになると、両親は家を出て娘夫婦に対していくつか請求を申し立てている。

両親による請求は、死ぬまでの娘夫婦からの生活費、家に住む権利、娘夫婦からの敬意と世話などである。

娘夫婦は弁護において、（計8人いる）他の子どもからも生活費を請求するべきであると陳述している。

本件ではスルフと審理のプロセスを経て、法廷は最終的に娘夫婦に対し死ぬまでの生活費支払いを命じた。法廷はさらに、毎月生活費250リンギットを義務とし、両親が死ぬまで毎月末日に支払うことも命じた。

子どもは往々にして両親による恩恵を忘れがちであり、年老いた両親の面倒を見る責任を思い出させるという意味において、この判例から我々も教訓として学ぶことがあるだろう。この責任を無視してしまえば、母親は10人の子どもの世話をできるが、10人の子どもは母親を世話できないという昔話が真実であったということであろう。

成長して裕福な生活を送る子どもたちが年老いた両親を捨てるということが現実にこの社会で起きており、これが特に高い教育を受けたムスリムに起きてしまうのは非常に悲しいことである。クルアーンとスンナにおいてこの責任はすでに一定のガイドラインが言及されているにもかかわらず、両親を放棄するということが近年のマレーシアにおいて当然のこととして受け入れられてしまっているのである。

しかしマレーシアで実際に施行されているシャリアの法令に空白が生じているのは疑いないことであろう。このような事例が広まっている中、実際の事例を基に法律の改正を進めるべきであろう。

現在、両親に対する生活費支払いを無視または拒否する行為をシャリア法違反とする法的根拠はなく、法廷に持ち込まれることはない。もしそのような条文が存在すれば、責任を放棄する子どもたちも差し控えるようになるだろう。

例としてシンガポールでは両親生活費法1995というものがあり、子どもたちが生活費支払いをしなかった場合にこれを請求する権利を両親に与えている。両親への生活費支払いをしなかった罪で有罪となれば、5,000シンガポールドル（12,200リンギット）以下の罰金もしくは6ヶ月以下の懲役となる。このような条文は子どもたちに対して教訓を与え、両親が死ぬまで面倒を見るという教育をすることができる。マレーシアでも同様の措置を取り入れるべきである。

マレーシアでは年老いた両親の面倒を見る権利についても明確に定義していない。現在マレーシアで布かれているシャリアは子供の親権について強調しているが、親の生活費についてシャリア法廷は裁定の権限を持っていない。例えば、子どもが年老いた母親の世話をすることを拒否したため、甥と姪が同情から彼女の貢献を受け入れたという事例があった。しかしシャリア法廷にはそのような事例について裁定を下す権限がない。自分で生活ができなくなった年老いた病気の両親に対して助けの手を差し伸べるような法律を整備する時が来ているのではないだろうか。

　我々が社会全体としてこのことをよく理解するべきであろう。たとえ子どもたちの教育水準が高く、所得が多くても、両親の犠牲がなければそれを手に入れることができなかったということを思い出すべきである。

　民話に出てくる「タンガン君」は裕福になり社会的地位を得ると母親を見捨ててしまったが、現代において彼の悲劇を繰り返してはならない。いくら子供の地位が上がったとしても、親にとって子供としての立場は死ぬまで変わらないのだから。

著者略歴

ザイヌル・リジャル・アブ・バカール

　ダト・ハジ・ザイヌル・リジャル・アブ・バカールは弁護士およびシャリア弁護士として24年の経歴を持つ。また、マレーシアでは認定仲裁人としての資格も持つ。弁護して活動する傍ら、シャリア法廷でさまざまな家族問題を担当し、リナ・ジョイの判例にも深く関与した。ダト・ハジ・ザイヌル・リジャルは2006年から2009年までシャリア弁護士会の会長、2010年以降現在まではマレーシア・ムスリム弁護士協会の会長を務めている。シャリア法や現在の実務について数多くの雑誌や新聞に紀行している。1992年に国際イスラム大学（IIUM）から法学士、2004年に国立マレーシア大学（UKM）から法学修士、2005年にマラ工科大学（UiTM）シャリア法学（DLSA）から大学院課程修了資格を取得している。

ヌルヒダヤ・ムハンマド・ハシム

　ヌルヒダヤ・ムハンマド・ハシム博士および准教授はマラ工科大学（UiTM）の現代イスラム学アカデミー（ACIS）の講師を1995年から務めている。国際イスラム大学（IIUM）から1992年に法学士、1993年に法学修士を取得した。2001年にマラヤ大学（UM）においてシャリア法で修士号、UiTMのシャリア法学（DLSA）の大学院課程修了資格を得た。ヌルヒダヤ博士はオーストラリアのメルボルン大学で離婚後の子供の養育に関する法律を専攻し、2013年に比較家族法で博士号を取得した。2006年から2009年までマレーシア・シャリア法学会の出版部運営委員を担当し、2015年から現在に至るまでUiTMの現代イスラム学アカデミーのシャリア協議部門の統括をしている。

用語集

ウィサトー	紛争を相互平和的に治める場
カディ	シャリア裁判官
キサース	罰、死刑（報復）
ジナ	姦淫、違法な性交（婚姻関係外）
ジハード	イスラム教を守るために異端者と戦う聖戦。正しいものを保つこと、または正しくないものに抗すること
スルフ	紛争当事者間の友好的な和解、紛争の和解、調停による紛争の解決
タクジール	クルアーンやスンナに罰則が記載されていないため、裁判官の決定による罰
ディヤート	シャリア法の罰則
フィクフ	イスラム法の確立。法律を変更、停止、拡大適用、施行するために必要なものを決定すること
マスラハ	公共の利益
ムルタッド	行動、言葉、意志を通じてイスラムを放棄した者

あとがき

　日本マレーシア協会は2012年11月20日に公益社団法人として認可され、日本とマレーシアの親善友好のために一層の努力が求められることになった。

　本協会の大きな仕事は、ボルネオ島のマレーシア領であるサラワク州で熱帯雨林再生のための植林を続けることで、その植林もすでに60万本に達しており、世界市民の共通財産「グローバル・コモンズ」に多少でも貢献できていることはありがたい。その趣旨に賛同して暖かいご支援をいただいている多くの皆様には心から感謝を申し上げたい。2017年秋の叙勲において、本協会が団体として緑綬褒状を受けたことが、ご支援をいただいた皆様への何よりのご報告になったのは嬉しい事である。

　一方、日本とマレーシアの懸け橋を目差す本協会としては、マレーシアの知的財産を紹介するということも大事なことと考え、同国の知識人や専門家が執筆した書籍の翻訳・出版を行っている。

　2014年度に最初の翻訳書『ハラルをよく知るために』を上梓して以来、毎年のように翻訳・出版を続け、今年度は本書を出版することができた。これは共同出版先のマレーシア翻訳書籍研究所はもとより、こうした地味な書物の販売元となることを快諾いただいた紀伊國屋書店のお蔭であり、深くお礼を申し上げたい。私はこうした地道な努力を継続して、日本マレーシア協会叢書とでも呼べるようなものを作り上げることができたらと念じている。

　今回の翻訳も若き研究者である岡野俊介氏の労を煩わせた。彼とてイスラム教の専門家ではないため、イスラム法といった分野の翻訳としては足らざる所も多いかとは思うが、日本人にはなじみの薄い「シャリア」についての概説書を世に送ることができたことに免じて、多くの欠点については皆様の御寛恕を願う次第である。

　本書を昨年春に逝去された、本協会元監事の石坂泰彦氏に捧げることをお許しいただければ幸いである。

2019年1月

公益社団法人　日本マレーシア協会

理事長　小川　孝一

マレーシアとシャリア　憲法とイスラム法の現代的課題
2019年2月1日　第1刷　発行

著　者　ザイヌル・リジャル・アブ・バカール
　　　　ヌルヒダヤ・ムハンマド・ハシム
訳　者　岡野俊介
発行所　公益社団法人日本マレーシア協会
　　　　〒102-0093　東京都千代田区平河町1-1-1
　　　　Tel. 03-3263-0048
発売元　株式会社紀伊國屋書店
　　　　〒153-8504　東京都目黒区下目黒3-7-10
　　　　ホールセール部（営業）Tel. 03-6910-0519
印刷・製本　ITBM (Malaysia)
ISBN 978-4-87738-524-8 C1036
定価は外装に表示してあります。
無断で本書の一部または全部の複写・複製を禁じます。